ERNEST D'HERVILLY

CONTES

POUR LES

GRANDES PERSONNES

Mon ami Lo
La porte !... s'il vous plaît?
Jean Tracy Gudd. — Tremblevif. — Ouaphrès
Un secret. — Le télégramme
Près des yeux, loin du cœur

PARIS
CHARPENTIER ET Cie, LIBRAIRES-ÉDITEURS
28, QUAI DU LOUVRE
1874

CONTES

POUR LES

GRANDES PERSONNES

PARIS. — IMP. SIMON RAÇON ET COMP., RUE D'ERFURTH, 1.

ERNEST D'HERVILLY

CONTES

POUR LES

GRANDES PERSONNES

PARIS

CHARPENTIER ET Cie, LIBRAIRES-ÉDITEURS

28, QUAI DU LOUVRE, 28

1874

Tous droits réservés.

CONTES

POUR LES

GRANDES PERSONNES

MON AMI LE

A EDMOND DE GONCOURT

I

— Au diable les gens qui savent où est situé le golfe de Bothnie !

Évidemment soulagé par le jet brusque et violent de cette exclamation énigmatique, mon ami Le fit piquer une tête à sa plume jusqu'au fond ténébreux de son encrier, et reprit, avec un calme extrême dans la physionomie et dans les gestes, le cours de son travail.

M'aidant du coude, sans abandonner toutefois l'aimable posture horizontale que j'avais adoptée depuis une heure, la pipe aux dents, sur le divan inflexible et solennel de mon ami Le, je me soulevai pour regarder, plein d'une surprise muette, la tête grisonnante de ce cher garçon, si réservé d'ordinaire sur le chapitre des paroles énergiques.

Car, entre nous, je dois le dire, la Providence, après avoir installé un entrepôt central de douceur et d'abnégation, selon le proverbe, dans l'âme des moutons, avait été heureuse d'en établir, dans le cœur de mon ami Le, la succursale unique.

Je regardai donc la tête de mon ami Le.

On était en septembre. Le soleil disparaissait derrière la maison qui faisait face à celle au quatrième étage de laquelle nous nous trouvions tous les deux, rue Saint-Louis (au Marais). Les derniers feux de l'astre qu'embrumaient les vapeurs de Paris mettaient des lueurs irisées dans la chevelure hérissée de mon ami Le, assis de trois quarts, près de la fenêtre, devant une petite table chargée de livres et d'estampes, et ces rayons prismatiques donnaient à la parure naturelle du crâne de ce brave compagnon d'existence, déjà menacé d'un scalp prématuré par l'âge impitoyable, une ressemblance saisissante avec le bouquet multicolore d'un plumeau de salon.

Au-dessous de cette crête lumineuse se découpait le visage tranquille, pâle, inexorablement rasé (par ordre!), mais agréable à contempler, de mon ami Le.

Quarante ans d'une vie dont chaque jour s'était écoulé, frère jumeau de celui qui l'avait précédé, sans événements, sans passions, sans troubles, n'avaient pu parvenir à rider l'épiderme délicat de l'écrivain obscur que j'examinais amicalement. Seulement, de chaque côté du nez, descendaient deux sillons obliques, assez marqués, au fond desquels un physionomiste expert eût découvert facilement les petits squelettes d'illusions, d'espoirs, de rêves déçus, morts les uns après les autres, en bas âge.

Mon ami Le, que les vieux chiens et les très-jeunes enfants venaient importuner tout de suite avec une confiance touchante, — car ils devinaient avec leur instinct parfait les trésors de bonté et de patience cachés sous le paletot marron de ce monsieur au dos déjà voûté et à l'œil d'un bleu clair, — n'était guère tourmenté dans sa vie que par deux choses : — Sa tante et son propre nom.

De la tante, nous parlerons plus tard.

Vidons tout de suite la question du nom.

Bien souvent j'avais surpris mon ami Le lisant les affiches de théâtres, plongé dans d'amères réflexions, et murmurant tout bas les noms et les titres ronflants imprimés en caractères énormes sur ces papiers publics.

— S'appeler Le! comme un pauvre et simple article! disait-il. Quelle sombre dérision! Faites donc votre trouée dans le monde avec un nom aussi gris, aussi effacé que le mien! Comme cela fait bien! On vous annonce dans un salon. Bon!
— Monsieur Le!... Le?... Le... quoi? C'est absurde. Et dire qu'il y a des gens qui ont eu le bonheur d'être nés avec un nom qui résonne, qui éclate, qui fait retourner la tête, qu'on se rappelle à jamais, qui passe à la postérité, enfin!... Ce Nabonassar, par exemple, qui n'est célèbre que parce qu'il a donné son nom à une ère quelconque, je le méprise, ma parole, je le méprise!

Nabonassar était la bête noire particulière de mon ami Le.

— Qu'a-t-il fait, votre Nabonassar? s'écriait parfois Le avec un redoublement sauvage de dédain. Dites-moi, je vous prie, ce qu'il a fait? Rien! L'histoire est muette sur son compte. Eh bien, pourtant, il est illustre, il est immortel! Tandis que moi, après soixante ans d'articles dans le *Moniteur illustré des pensions de jeunes filles*, — articles excellents! mais signés Le, — je mourrai complétement inconnu.

Au commencement de notre liaison, j'avais conseillé à ce pauvre Le de prendre un pseudonyme coloré et retentissant. Mais Le s'y était absolument refusé.

Et il m'avait répondu :

— Le est le nom de mon père. Je le trouve froid, pâle, triste, sans signification, c'est possible, mais je ne veux le changer pour rien au monde. Le je suis né, Le je resterai. C'est une fatalité, soit! Je la subirai jusqu'au bout.

Et Le avait continué d'écrire pour le *Moniteur illustré des pensions de jeunes filles* et de signer, dans cette feuille éminemment morale, des nouvelles, non pas à l'eau de rose, car elles eussent été alors d'un parfum trop accentué pour l'esprit du journal, mais à l'eau d'églantine des bois simplement.

Quels articles, bon Dieu !

Le directeur du *Moniteur des pensions de jeunes filles* confiait à mon ami Le un certain nombre de vieilles gravures sur bois ou sur acier qu'il s'agissait de faire admirer au public comme un produit remarquable de l'art moderne, en les accompagnant d'un récit agréable et surtout touchant.

Travail austère !

Hâtons-nous de le proclamer, l'ambition du modeste Le n'allait pas, du reste, au delà du plaisir de se voir, deux fois par mois, imprimé dans le *Moniteur illustré des pensions de jeunes filles*, et de la certitude de vivre du produit de cet ouvrage de patience, véritable casse-tête français.

Sa vie ainsi se passait, depuis dix-huit ans, à enchâsser sans relâche, dans des histoires impossibles, les estampes sans aucun lien entre elles, que les tiroirs inépuisables de son rédacteur en chef lui fournissaient bi-mensuellement.

Le jour où il proféra son inexplicable —. « Au

diable les gens qui savent où est situé le golfe de
Bothnie! » — mon ami Le cherchait vainement,
depuis le déjeuner, à faire entrer dans une aventure pure, instructive, à la portée des demoiselles abonnées au *Moniteur* en question, huit
gravures récalcitrantes qui semblaient se refuser
absolument à prendre place dans la mosaïque
littéraire et artistique perpétrée par le malheureux homme de lettres.

— Comme c'est commode! disait-il, la sueur
au front et les doigts teintés d'encre. Comme
c'est commode! Il faut que je passe sans efforts,
aujourd'hui, d'une *Vue de Venise* à un *Chef afghan*,
et que je joigne à ce guerrier exotique une *Forge
à Bédouville (Eure)*. En outre, la *Fata Morgana*,
phénomène des plus curieux, doit, avec une
branche de *Ficus elastica* et un *Hocco du Brésil*,
se glisser quand même dans mon article, à côté
d'un *Clair de lune en Écosse*, et d'un *Portrait de
M. Mathieu de Dombasle!* C'est à en devenir fou.

Et l'infortuné littérateur pour fillettes se pressait la tête avec un désespoir comique en jetant
des regards désolés sur le *Chef afghan* que la volonté d'un rédacteur en chef forçait d'aller s'enivrer de la *Vue de Venise*, en compagnie de

l'honorable agronome Mathieu de Dombasle, poursuivi lui-même par l'impérieuse nécessité de parler du *Hocco du Brésil* et de la *Forge de Bédouville (Eure)* à propos de bottes!...

En vérité, je plaignais de tout mon cœur mon ami Le, et, de temps à autre, je lui suggérais des idées qu'il me faisait le plaisir de trouver saugrenues.

— On pourrait peut-être noyer l'agronome dans le *Clair de lune écossais*, lui disais-je, un rameau de *Ficus elastica* à la main, en signe d'adieu. C'est naturellement l'amour, un amour silencieux, légitime bien entendu, qui l'oblige à se tremper nuitamment dans l'eau des lacs. Mais au moment où il va rendre son âme à Dieu, un spectacle inattendu frappe ses regards, et le fait remonter sur la rive. La *Fata Morgana*, oubliant qu'elle a lieu généralement dans le golfe de Naples, éclaterait en Écosse, avec la splendeur bien connue de ce mirage (voir la gravure ci-contre), devant ses yeux attendris. M. Mathieu de Dombasle alors prendrait des notes ; il aurait même la bonté d'expliquer les causes du phénomène au « *Chef afghan*, » qui l'a suivi fidèlement dans ses scientifiques pérégrinations, et tout à coup, tandis que l'agronome et la jeune fille, —(car il faut une jeune fille dans votre histoire, et muette, s'il se peut) — se réconcilieraient en pensant au bonheur qui les attend dans la *Forge de Bédouville (Eure)*, le *Hocco du Brésil* ferait entendre son cri guttural sur une branche de genévrier...

— Non, merci, disait doucement mon ami Le. D'ailleurs, vous oubliez la *Vue de Venise*.

— Bah ! n'est-ce que cela ! On la place dans un beau cadre, au milieu du salon des heureux époux, en la soulignant de quelques mots aimables à l'adresse de la fille du dernier des doges !

— C'est impossible.

— C'est dommage ! Il y a, dans l'attachant épisode de la vie privée de M. Mathieu de Dombasle que je viens de vous raconter, de quoi former l'esprit et le cœur de vingt pensionnats de demoiselles. D'autant plus qu'il en découle, avec un à-propos rare, tout un chapelet de notions géographiques...

— Encore la géographie ! s'écria mon ami Le avec une ardeur singulière. Cher ami, continua-t-il, tremblant d'une émotion que je fus étonné d'avoir causée en lui, vous venez de toucher la plaie au point sensible!

— Comment! est-ce que les dames pourvues de renseignements certains sur les points obscurs de l'étude du globe ont abusé de votre innocence?

— Non, certes! Mais, laissez-moi vous le répéter, car cela me soulage: Au diable les gens qui savent où est situé le golfe de Bothnie!

— Cher Le, tout à l'heure vous aviez déjà lancé au plafond cette imprécation insolite, mais elle continue, pour moi, de faire partie du répertoire des sphinx. Veuillez m'expliquer le sens de cette parole?

— Eh bien!... eh bien, mon bon Jacques, je vais tout vous dire. Ma tante veut absolument me faire épouser, depuis huit jours, une demoiselle dont la maturité n'a rien de très-repoussant, je l'avoue, mais dont la profession me trouble.

— Elle donne donc des leçons de géographie?...

— Hélas! et des leçons d'histoire, et de toute sorte d'autres sciences graves, sans parler de la poésie qu'elle *montre* — je cite le texte de ses prospectus — à raison de 5 fr. le cachet.

— C'est une institutrice ?

— Non pas ! Distinguons. C'est un pion femelle, sans foi, sans dévouement, sans amour de l'étude, qui apprend à parler à des perroquets humains, au plus juste prix.

— Bon, une sorte de sommelier ès lettres et ès sciences, qui remplit les cerveaux comme des bouteilles.

— C'est cela. Et en même temps désagréable comme l'acarus de la gale en personne, sèche comme un jeu de jonchets et bavarde comme une mouette un soir de tempête.

— Aimable ingénuité !

— Rien que de penser au nœud solide que ma tante voudrait former entre nous, j'ai la chair de poule.

— De poule mouillée encore, mon bon ! Voyons, est-ce qu'à votre âge, ayant votre gagne-pain, vous ne pouvez planter là, une fois pour toutes, votre tante et ses projets sinistres ?

— Mais, mon pauvre oncle ! si bon ! si résigné ! dont je suis la seule consolation ! que deviendrait-il alors ?

— Votre oncle ? Eh bien, il s'échapperait journellement de l'ergastule où le tient madame votre tante, et, libres comme l'air, vous iriez courir ensemble, par les sentiers perdus que vous affectionnez dans la vie.

— Mais le cœur de ma tante serait brisé! Songez, mon ami, qu'elle m'a élevé, moi, gênant orphelin sans fortune. Je lui dois tout. C'est une mère... un peu rude, mais c'est ma seconde mère, en somme.

— Alors, mariez-vous avec votre atlas en jupons, et n'en parlons plus.

— Mais, cher Jacques, j'aime ailleurs, moi! s'écria Le, poussé à bout.

— Sans la permission de votre tante Tigret, misérable!

Mon ami Le sourit faiblement et me lança un regard touchant, qui demandait grâce. Je quittai alors le ton de la plaisanterie, et j'interrogeai discrètement, comme m'autorisait à le faire mon droit d'ancien et fidèle confident, mon vieux camarade dont le front s'était couvert d'une vive rougeur.

J'appris bientôt que mon ami Le aimait, sans espoir de retour d'ailleurs, une certaine Henriette, fille d'un certain M. Gerboise, préparateur d'échantillons zoologiques au Jardin des plantes.

— Est-elle forte en géographie, mademoiselle Henriette? dis-je.

— Non, répondit Le avec une sombre énergie. Quant au golfe de Bothnie, le golfe préféré de la protégée de ma tante, Henriette ignore absolument où il se trouve situé ! Il y a un abîme, je le constate avec joie, il y a un abîme entre le golfe de Bothnie et la chère créature. Que le golfe de Bothnie soit en Irlande, en Courlande, en Islande, en Zélande ou en Finlande, cela lui importe peu !

— Age ? — Fortune ?

— Vingt-trois ans. — Nulle.

— Nuance ? — Parents ?

— Blonde. — Fille unique.

— Caractère ?

— A nous deux nous ferions la paire, deux timides au cœur tendre.

— Intéressants détails ! — Mais que dit le papa ?

— Je n'ai point encore osé lui avouer les sentiments honorables que j'éprouve à l'égard de sa fille, et je comptais...

— Toujours le même !

— J'en ai touché un mot à mon oncle, par

exemple ! Il est enchanté de mon idée. Le golfe de Bothnie ne lui va pas non plus, à lui !

— Hum ! Que disiez-vous ? Vous comptiez...?

— Je comptais sur vous, mon vieil ami, pour aller faire...

— Votre déclaration ?

— Railleur ! non, ma demande. Vous m'épargneriez une démarche dont l'importance et le sérieux m'épouvantent. Jamais je ne saurai m'expliquer d'une façon persuasive, séduisante. Jamais !

— Alors, vous croyez que je ferai un passable ambassadeur ?

— J'en suis convaincu. Un parfait ambassadeur.

— Depuis combien de temps êtes-vous féru d'amour pour cette demoiselle Henriette, ô tremblant Damon ?

— Depuis cinq ans.

— Cinq ans ! Splendide ! Mais, mon cher, vous devriez entrer au service de Laban, comme Jacob. Cinq ans sans dire un mot ! C'est beau, cela !

— Pas un seul mot. Griette ne sait rien, je vous en avertis.

— Griette ? fit-je.

— C'est le diminutif créé par M. Gerboise pour désigner son enfant. Chère petite Griette ! J'aime ce nom-là.

— Je ne le déteste pas non plus. Ah ! sournois ! Je m'explique alors vos rendez-vous mystérieux au café des Arts.

— Je rencontre là tous les jours M. Gerboise. Mon oncle vient également dans ce café. On cause. On rêve. Il y a là des paysages peints sur des stores charmants. On les regarde. On voyage. C'est bien plus amusant que de composer des articles pour le *Moniteur illustré des pensions de jeunes filles*.

— Je devine tout, maintenant. Profitant de mon horreur pour les cafés, vous avez noué, à l'abri de mon regard scrutateur, des relations avec les habitués du café des Arts ; et c'est comme cela que, de père en fille, vous êtes arrivé à brûler d'un feu pur pour une jeune personne, dont j'ignorais jusqu'à l'existence, il y a cinq minutes.

— Oui. On s'est connu. On s'est lié. On a été faire des promenades sous bois, à l'insu de ma tante.

— Avec votre oncle ?

— Avec mon oncle. Mais M. Gerboise est bien loin de croire que nos innocentes parties de plaisir ont eu pour résultat de me rendre amoureux de mademoiselle Griette. Voilà où nous en sommes, cher ami. Maintenant que j'ai tout dit, laissez-moi terminer mon histoire du *Chef afghan*, légué à M. Mathieu de Dombasle par un inconnu, rencontré à Venise, un soir d'hiver doux et pur comme un clair de lune en Ecosse.

— D'accord, mon pauvre Le; mais l'heure du festin sonne aux beffrois d'alentour. Invité à dîner par vos parents, aujourd'hui, je ne puis être retardé d'une seconde. Descendons donc à l'étage inférieur, s'il vous plaît. Il est temps d'affronter les regards de la tante Tigret. A demain les affaires agréables, sans y comprendre le Hocco du Brésil et la Forge de Bédouville (Eure).

— Vous savez que la protégée de ma tante et son frère, une espèce de Tartuffe à la fière encolure, sont des nôtres aussi.

— Bigre! C'est égal, le gouffre est ouvert; soyons des Curtius de parole.

Et nous descendîmes partager le pain et le sel avec les parents de mon ami Le.

II

Le lendemain, à une heure de l'après-midi, ainsi que cela avait été convenu entre Le et moi, à l'issue du repas fait (tous les convives étaient glacés jusqu'à la moelle) sous l'œil austère de la tante de mon ami, la redoutable madame Tigret, puisqu'il faut l'appeler par son nom, je me rendis au café des Arts, sis boulevard de l'Hôpital.

Autour d'une table dont le marbre semblait porter un demi-deuil éternel, se trouvaient M. Tigret, M. Gerboise, et un autre monsieur nommé Brême, qu'accompagnait une boîte longue et noire, renfermant dans son sein le fruit délicat des veilles d'un luthier de Crémone.

M. Brême (il me l'apprit lui-même dans la conversation) ne sortait jamais sans être suivi de son violon, interné dans son enveloppe ordinaire.

— Vous comprenez, monsieur, me dit-il, on ne sait pas le matin où on finira sa journée. Eh bien, le hasard peut faire que, le soir, on se trouve quelque part où un petit air de violon soit reçu comme le Messie. Un quadrille s'improvise. Je suis là, l'archet à la main; et tout est dit. On me remercie cordialement. Faire plaisir est dans ma nature. Oh! si madame Brême n'était pas!... Je ne suis pas heureux en ménage, monsieur, ajouta M. Brême confidentiellement.

M. Brême n'était pas heureux en ménage. Tel était, du moins, le fait désagréable que M. Brême semblait avoir pris à tâche de faire acquérir à l'histoire. Il le glissait fréquemment dans l'oreille de ses contemporains.

Mais en racontant ses déboires conjugaux, M. Brême s'enflammait de telle sorte, et déplorait son sort avec une amertume telle que, bien souvent, surexcité au dernier point, l'époux infortuné se décidait, séance tenante, à quitter pour jamais une existence désormais décolorée, et ses nombreux amis avaient sans cesse à l'arracher à des tentatives de suicide d'un genre tout à fait original.

Ainsi, le jour même où je fis mon entrée au café des Arts, et comme je peignais avec feu à M. Gerboise, auquel M. Tigret m'avait présenté, le bonheur de sa fille devenue un jour la femme de mon ami Le, M. Brême, les larmes aux yeux, déclara que la pensée de cet avenir radieux lui rappelait trop cruellement les joies de son intérieur, perdues par la frivolité de madame Brême, et il nous quitta brusquement en annonçant qu'il allait mettre fin à ses jours, d'une manière ou d'une autre.

Prompts comme l'éclair, nous le suivîmes dans sa retraite subite, escortés du garçon de café, et nous eûmes bientôt le bonheur de découvrir M. Brême, couché tout de son long, dans un recoin obscur, au cinquième étage de la maison.

— Non! non! je veux mourir. Laissez-moi! nous dit-il en sanglotant. Laissez-moi expirer ici. Une cruche d'eau! un pain! Voilà tout ce que je demande. J'attends la mort. Laissez-moi avec mon violon.

Après de longues supplications, nous le ramenâmes dans le café, complétement consolé.

M. Brême, souriant de nouveau, se ranima même tout à fait lorsque nous fîmes luire devant ses yeux, rougis par les pleurs, l'espoir de faire danser ses amis, le soir du mariage prochain de M. Le.

Cet espoir, du reste, était des plus sérieux.

J'avais, sans coup férir, vaincu M. Gerboise, lequel, s'il faut le dire, n'avait montré aucune résistance devant mes arguments amicaux, poussés droit et ferme.

Aussi, quand mon cher ami Le nous rejoignit, rouge et très-embarrassé de sa personne, au café des Arts, une heure après mon arrivée dans ce lieu de distraction, je n'eus plus qu'à lui dire :

— Allez serrer la main de votre beau-père, mon bon.

M. Tigret, très-muet ordinairement, fit entendre lui-même un gloussement de satisfaction, et murmura à l'oreille de son neveu :

— Enfoncé, le golfe de Bothnic !

Mais, comme il prononçait cette phrase triomphante, son visage se rembrunit soudain, car le souvenir de la figure austère de madame Tigret venait de passer tout à coup dans son esprit. Et il se sentit accablé sous le poids des remords.

Elle était redoutable, en effet, la figure de madame Tigret.

Osseuse, jaunie par places, elle s'allongeait, revêche, entre deux bandeaux noirs immuables, d'où partaient, de chaque côté du front, et tire-bouchonnant sur les joues, deux boucles qui semblaient deux copeaux d'ébène jaillis de l'âme d'un rabot inflexible.

Madame Tigret portait pour toute parure, hiver comme été, une ancre de forte dimension, en argent, mouillée dans les ondes bleuâtres d'un foulard négligemment tordu autour de son cou.

M. Tigret vit donc également cette ancre conjugale flotter devant ses yeux, à l'instant même où il félicitait son neveu, tout en pressant la main de M. Gerboise; ce symbole de l'Espérance le navra profondément.

Cependant M. Brême se rembrunissait à son tour. Redoutant quelque nouveau coup de désespoir de la part de ce musicien, mon ami Le, M. Gerboise et votre serviteur s'empressèrent de quitter le café des Arts.

Comme on passait le seuil de cet Eldorado de quatrième classe, M. Gerboise me dit à l'oreille :

— Vous n'avez pas regardé les stores? Si gais! si doux à voir! On s'y promènerait pendant cent ans, sans penser à rien. Tenez, la Chasse qui est au-dessus du comptoir est admirable. Des seigneurs en bottes à revers sont en train de courre le sanglier. La belle amazone, costume vert, plume rouge, est tombée de cheval. L'animal va la broyer sous ses pieds. Tout à coup, le voilà, lui, le beau jeune homme, habit violet, plume blanche, et de la dentelle partout, qui s'élance, sou couteau à la main. On a peur. On palpite. Gloire à Dieu! L'innocente créature est sauvée. Le sanglier expire.

En achevant ce récit plein d'intérêt, M. Gerboise me serra la main avec force, cligna de l'œil, et reprit :

— Vous reviendrez nous voir, j'espère? Tous les jours, dimanches et fêtes exceptés, je suis là, de midi à deux heures, avec ces messieurs. Tigret et moi, nous noyons nos soucis dans la contemplation des stores. Vous verrez la cascade, près de la porte d'entrée. On l'entend mugir, crépiter, fuser à travers les roches, et tomber ensuite par lourdes nappes. L'illusion est complète.

— Je ne manquerai pas au rendez-vous, répondis-je poliment.

— Ce soir, ne l'oubliez pas, monsieur Jacques, nous vous attendons à la maison. Vous verrez Griette. On fera de la musique. Miss Morse chantera.

— Miss Morse?

— Une amie de ma fille. Une enfant. Très-digne. Cœur brisé dès le berceau. Ne pas insister, quand on parlera de déception amoureuse devant elle.

— Je m'en garderai bien. A ce soir, monsieur Gerboise.

— A ce soir, monsieur. Au fait, si vous vouliez me faire l'honneur de m'accompagner au Muséum, je vous montrerais un splendide exemplaire de la Roussette de Bornéo, qui vient de nous arriver.

Confiant aux soins de son oncle impassible, mon ami Le, qui se livrait, devant les passants, à des démonstrations de joie bizarres, lesquelles le faisaient ressembler à un ancien télégraphe en délire plutôt qu'à un littérateur fraîchement fiancé à l'objet de ses rêves, je pris avec M. Gerboise et M. Brême, sa boîte à violon à la main, le chemin du Jardin des plantes.

Quelques minutes après nous arrivions devant la porte du cabinet particulier de M. Gerboise. On y pouvait lire, en lettres noires, ce mot mystérieux : Mammalogie.

M. Gerboise nous introduisit dans le sanctuaire de la science, que remplissait une pénétrante odeur de savon arsenical, de colle-forte et d'aromates assortis.

— C'est l'odeur des peaux, nous dit le préparateur dont l'œil s'illumina.

Et il s'assit devant sa table de travail, en nous indiquant des siéges, où nous nous installâmes, attendant avec anxiété l'exhibition promise de la Roussette de Bornéo.

Une salamandre mélancolique, — peut-être regrettait-elle le brasier qui la comble de joie? — nageait lentement dans l'eau d'un bocal, sur la table de M. Gerboise. Elle nous jeta un triste regard. Nous le lui rendîmes, perçant et clair.

Cela fait, j'examinai autour de moi, non sans émotion, les objets singuliers qui assistaient quotidiennement aux opérations scientifiques de M. Gerboise.

Un certain nombre de portraits au daguerréotype frappa particulièrement mes yeux. Les ayant contemplés de près, je m'aperçus, à ma grande surprise, que ce que j'avais pris tout d'abord pour des souvenirs d'amis ou de parents, accrochés là par M. Gerboise, afin de lui rappeler sans cesse les traits d'êtres chéris, était tout bonnement une série de portraits d'orangs-outangs, à joues énormes, à ventres ballonnés, tous nés et morts à la Ménagerie.

A portée de la main de M. Gerboise, et contre son cartonnier, était placé un daim empaillé, qui lui servait évidemment depuis bien des années de contenance en parlant, car, tout en causant de choses et d'autres, le préparateur passait une main amicale sur le dos du paisible quadrupède. Ce dos s'était même pelé à la longue, et la peau apparaissait bleuâtre et luisante, entre les doigts pâles du vieillard.

Enfin, la Roussette de Bornéo fit son apparition. L'énorme chauve-souris, qui avait l'air de nous rire au nez, et montrait des dents aiguës, était clouée par les ailes sur une planche.

— Est-elle belle! murmura M. Gerboise, en frottant avec vigueur l'épine dorsale du daim râpé. Est-elle belle! J'avais peur de n'en pas empailler une avant de mourir. Mais la voilà. A nous deux, ma chère!

— Cet animal est-il sensible à l'influence de la musique? demanda gaiement M. Brême.

— Il doit l'adorer, dis-je. On le voit à l'odieuse crispation de ses muscles et de ses griffes.

M. Gerboise, tout en lissant du bout du doigt le velours marron dont la Roussette était vêtue par la nature, reprit à voix basse, avec un petit tremblement de satisfaction :

— C'est moi qui ai préparé le premier *Ornithorhynque paradoxal* du Muséum. Vous savez, cet animal australien à bec de canard ? C'est mon triomphe ! Une belle pièce ! Il faudra que je vous la montre un beau jour.

— Mais nous craignons d'abuser de vos instants, monsieur Gerboise, dis-je ; nous allons nous retirer, M. Brême et moi. A ce soir, cher monsieur.

— Messieurs, à ce soir. Et quand vous aurez un instant à perdre, si vous n'avez pas le temps d'aller au café des Arts, venez me trouver ici.

Nous sortîmes de la *Mammalogie*, M. Brême et moi, exhalant tous deux un parfum qui aurait pu faire croire que nous venions d'être fraîchement empaillés.

Il me tardait d'être débarrassé de M. Brême, dont la boîte à violon m'agaçait ; aussi, tendant la main à cet époux déçu dans ses plus douces espérances, je prétextai une course aux environs, dès que nous fûmes dans le jardin.

— Adieu donc, monsieur, me dit M. Brême d'un air sombre, adieu. Ma destinée est de souffrir sans repos. Tout me rappelle l'infidèle. Voyez ces oiseaux verts?

Suivant la direction indiquée par le doigt de M. Brême, je vis en effet, dans une cage voisine, deux perruches qui se témoignaient par de petites attentions buccales les sentiments dont leurs cœurs étaient pleins sans doute.

— Ils s'aiment! poursuivit M. Brême, ils s'aiment! Ah! si madame Brême... Tenez, monsieur, reprit le déplorable violoniste après un moment de silence, si j'avais l'honneur de vous connaître depuis plus longtemps, je vous prierais de me jeter dans la fosse aux ours. Sous la dent aiguë des monstres, j'exhalerais avec bonheur une âme torturée, et mes peines auraient enfin un terme; mais je ne sais réellement si vous auriez la bonté de me rendre ce service d'ami.

— Ma foi non! Brême, dis-je. Au revoir, à ce soir, chez Gerboise. On rira!

— Espérons-le, soupira d'un air lugubre le triste époux.

Sans l'écouter davantage, et le laissant libre de se donner en pâture à toutes les bêtes du Muséum, je m'éloignai rapidement, ruminant dans ma pensée les diverses phases de mon entrevue avec le futur beau-père de mon ami Le.

III

— Tenez-vous droit, Tigret !
— Mais, ma chère, je fais ce que je peux.
— Tenez-vous droit, monsieur !
— M'y voilà.
— Il est dur, quand on est la fille d'un colonel, d'avoir à remonter sans cesse un mari, comme s'il était une vieille lampe.
— Ma chère, en vérité, devant mademoiselle...
— Tenez-vous droit ! Vous dormez, monsieur, vous dis-je.

Qui parle ainsi? On le devine. C'est madame Tigret, agitant sa longue tête, sans que les copeaux d'ébène qui pendent, glacés, sur ses joues creuses, en éprouvent le moindre trouble apparent.

A côté de madame Tigret, roide et sèche, se tient mademoiselle Anne Marin, pour qui le golfe de Bothnie est sans mystères.

Mademoiselle Anne n'est pas seule auprès de madame Tigret. Son frère, Ambroise Marin, gros homme, aux épaules tombantes, est assis également dans le salon solennel et froid de la tante de mon ami Le.

Celui-ci est absent, pour la première fois à cette heure indue (huit heures et demie du soir), du salon de famille.

— Tigret, tenez-vous droit! crie de nouveau madame Tigret à son conjoint, qui se laisse aller à une douce somnolence causée par la digestion.

— Ma bonne, je ne dors pas. La lumière de la lampe me fatigue. Je clos la paupière, mais j'écoute.

— Je vous crois. — Vous disiez donc, monsieur Marin, poursuivit madame Tigret, que vous ne demandiez au ciel...

Le gros homme, aux épaules tombantes, soupire doucement, lève les yeux, regarde un instant la lutte des ondes lumineuses sur la blancheur du plafond, au-dessus de la lampe, et dit doucement :

— Je ne demande rien de plus au ciel que ce qu'il accorde à l'insecte, à l'oiseau, à la plus frêle de ses créatures : un brin d'herbe, une goutte d'eau. Que j'aie mon brin d'herbe, ma goutte d'eau, et je m'incline, content de mon sort.

— Admirable résignation! — Tigret, droit!

M. Tigret fait un mouvement brusque, et répond d'une voix pâteuse :

— Mon Dieu, si j'avais la goutte d'eau qui est dans la cave de M. Marin, sous les apparences de cinq pièces de vin de Bordeaux, et si pour brin d'herbe je possédais une maison à cinq étages, rue Saint-Honoré, je serais très-satisfait de ma modeste condition. Mais...

— Tigret! qu'est-ce à dire? Le café des Arts vous perd. Vous lisez des poésies, j'en suis sûre, monsieur. L'ironie coule, âcre, de vos lèvres.

— Comment cela! je ne fais que répéter ce que M. Marin nous disait tout à l'heure.

— M. Tigret a raison, murmure M. Marin avec la suavité de la brise dans les roseaux. Dieu a béni mes entreprises. J'ai quelque bien, je n'en demande pas davantage. — Mon brin d'herbe! ma goutte d'eau! Je ne sors pas de là.

— Mon frère oublie d'ajouter, glisse mademoiselle Anne, que de véritables amis tels que vous, madame, et monsieur votre mari, sont des biens que l'on doit sans cesse demander à la Divinité, en même temps que le strict nécessaire.

— Bothnie, va ! pense M. Tigret.

— Mon neveu, reprend madame Tigret, regrettera toute sa vie de ne pas vous avoir entendue exprimer, mademoiselle, des sentiments aussi aimables que...

— Que sincères, ajoute mademoiselle Anne. M. Le me semble, en effet, un homme des plus délicats.

— Il ne le prouve guère, ce soir, hélas ! chère demoiselle, mais il ne faut pas lui en vouloir. Son journal l'a réclamé.

— Quels délicieux morceaux de prose compose monsieur votre neveu, madame ! Mes élèves peuvent les lire avec fruit ; mon frère lui-même, tout sérieux qu'il soit, en fait sa récréation favorite.

— Oui, Le me plaît. Et puis un ton si convenable, si parfaitement chrétien ! Jamais la plus petite raillerie. La science moderne, que trop d'hommes emploient souvent comme une arme contre les convictions les plus saintes, ne lui sert qu'à ramener plus vivement les lecteurs à la source de tout, à Celui qui a bien voulu me donner le brin d'herbe et la goutte d'eau que je ne méritais guère...

— Tigret, droit, droit! fait madame Tigret.

— Eh! pardon, chère demoiselle, j'ai parfaitement entendu, répond M. Tigret. Jamais parole plus juste n'est sortie de la bouche de monsieur votre frère. Brin d'herbe, goutte d'eau; goutte d'eau, brin d'herbe. C'est exact. Je ne manquerai pas de le redire à mon neveu.

— Ah çà! voyons, Tigret, soyez franc : que fait ce soir mon neveu?

— Je vous l'ai dit, ma chère. Il va nous manquer presque tous les soirs maintenant. Il est devenu *reporter* d'un grand journal, pour les faits thermométriques et barométriques.

— Hygrométriques aussi, peut-être? demande mademoiselle Anne.

— Oui, Bothnie, murmure M. Tigret.

Puis, respirant avec effort, M. Tigret, que la seule idée de la bourde gigantesque qu'il va faire avaler à ses hôtes suffoque, ajoute :

— Hygrométrique, mademoiselle, vous l'avez dit. C'est lui qui affirme maintenant aux populations que — vous savez la phrase? — « Hier, à minuit, le thermomètre de l'ingénieur Chevalier, opticien, marquait tant de degrés au-dessus ou au-dessous de zéro ! »

— Quel intéressant travail ! — Et il va, tous les soirs, sur le pont Neuf s'informer lui-même, *de visu*, si j'ose m'exprimer dans une langue que je ne devrais pas savoir, de l'état de la température ?

— Oui, mademoiselle, il ne quitte pas ce thermomètre d'une semelle ; tous les soirs, en outre, il se rend à l'Observatoire...

— C'est touchant, en vérité !

— Oui, touchant, mais contrariant, dit madame Tigret. Nous devrons changer nos heures de réception, mademoiselle Anne. Si mon neveu est *reporter*, comme M. Tigret l'assure ; il devient difficile de nous réunir le soir, à présent.

M. Ambroise Marin, qui continue de regarder en l'air la faible image des feux éternels qui s'agitent au plafond, glisse alors un mot dans la conversation :

— Nous pourrions avoir un dîner une fois par semaine, Anne ?

— Sans doute, répond la jeune personne, qui connaît tous les détails de la mappemonde et s'efforce chaque jour de la faire entrer de gré ou de force dans la cervelle de ses élèves, sans doute, un jour par semaine. Agapes de famille! Ce serait charmant.

— Anne, quel bonheur que la Providence m'ait offert ce que l'insecte et l'oiseau sont toujours sûrs d'obtenir de sa main auguste! Nous partagerons avec nos amis le brin d'herbe et la goutte d'eau qui nous ont été départis.

— Oui, mon joli garçon, pense l'esprit indiscipliné de M. Tigret, et tu comptes bien, ce faisant, obtenir plus tard mon petit brin d'herbe et ma petite goutte d'eau, toi; mais va, huile vivante, tu n'auras rien du tout.

— Tigret, droit! tenez-vous droit, Athanase!

— M'y voilà, ma bonne. Doux! doux!

— Nous allons nous retirer, madame, dit mademoiselle Anne.

— Déjà!

— Il le faut. La santé l'exige : *mens sana in corpore sano*. Ambroise, faites vos adieux, cher.

— Madame, j'ai bien l'honneur de vous souhaiter une excellente nuit, dit M. Morin, dont l'œil quitte à regret les lutins de feu qui dansent, dans leur cercle brillant, au-dessus de sa tête.

Et ils s'en vont, le frère et la sœur, bien gentiment, comme deux vieux époux, en faisant la sourde oreille, dans les rues sombres, aux misérables qui leur demandent à voix basse ce que le Créateur accorde si facilement à l'oiseau comme à l'insecte : le brin d'herbe ! la goutte d'eau !

Pendant que M. et madame Tigret procèdent aux apprêts de leur toilette nocturne, car on se couche de bonne heure rue Saint-Louis (au Marais), rendons-nous prestement chez M. Gerboise, dont l'humble petit salon, tout imprégné, comme son cabinet de travail au Muséum, d'une odeur inquiétante de savon arsenical, est rempli d'une multitude de bêtes empaillées, sous verre. Leurs yeux d'émail, piqués d'une vive étincelle, luisent dans l'ombre.

Une joie immense et parfaite règne chez M. Gerboise. On dirait que les hôtes du vieux préparateur viennent d'être débarrassés tout à coup d'une dent malade, après trois jours et trois nuits d'atroces souffrances. La béatitude la plus vive est peinte sur leurs visages.

Mais, pour le moment, une partie effrénée de nain-jaune tient en éveil tous les esprits.

M. Brême, qui jette de temps à autre un coup d'œil furtif sur son violon déposé dans un coin, a, lui-même, le front serein. La dame de pique ne lui rappelle rien, pour l'instant. Il joue, bruyant et infatigable!

M. Gerboise est fort heureux. Tout en se demandant si le sept de carreau ne lui restera pas en main, il songe à un enfant polycéphale, mort à la fleur de l'âge, que l'Académie de Montpellier a envoyé, ce soir, à la Ménagerie.

A l'autre bout de la table, mademoiselle Griette et mon ami Le, bien et dûment accepté comme fiancé, se débarrassent de leurs cartes à tort et à travers, grondés maternellement par miss Morse, jeune insulaire bouffie et qui ne paraît pas âgée de plus de trente ans.

— Quatre sans cinq! crie M. Brême.

— Roi! carte à mon gré, riposte mon ami Le au hasard.

— Eh bien, et moi, monsieur? réclame miss Morse, j'ai un cinq, laissez-moi le donner.

— C'est vrai. Je ne sais plus ce que je fais, répond Le en caressant de son éventail de cartes les doigts fins de mademoiselle Griette.

— Tenez, ce soir, dit miss Morse, vous êtes

tout à fait comme ce gentleman de l'antiquité, qui s'en allait vêtu d'une façon si choquante, et armé d'un tomawack, filer aux pieds d'une jeune personne... Quel est donc le nom de ce gentleman grec, je vous prie?

— Hercule, peut-être? fais-je à mon tour.

— Oh! merci, monsieur, répond miss Morse, charmée de voir sa description compliquée enfin comprise par quelqu'un. Oui, vous êtes un véritable Hercule, et Omphale vous fait perdre la tête, monsieur Le.

— Omphale! Omphale! murmura M. Brême... Ah! Déjanire! Déjanire!

— Voyons, reprend M. Gerboise, oubliant pour une seconde son bébé phénoménal, voyons, mes enfants, au jeu!... sept, huit, neuf, dix — sans valet.

— Valet, dame, ajoute M. Brême. Dame de cœur, hélas!

Et la partie continue tant bien que mal, interrompue à chaque instant par les réclamations, les rires, les réflexions et les soupirs.

Car tout le monde soupire chez M. Gerboise, aujourd'hui, mais chacun pour des motifs bien différents.

L'heure s'écoule. L'instant des adieux arrive rapidement. Il faut partir. J'entraîne de force mon ami Le. Il répète mille fois que, dût-il marcher sur ses moignons sanglants, on le verra le lendemain à la même heure chez M. Gerboise. Miss Morse est rêveuse.

La tendresse énergique des expressions de M. Le lui va droit à l'âme et lui rappelle un passé exquis et cruel. Quant à M. Brême, il a disparu subitement, sans dire un mot, avec sa boîte à violon. Sans doute la vue du bonheur des futurs époux lui a percé le cœur d'une flèche barbelée. On le cherche. On s'alarme. Enfin on le trouve, assis dans la cuisine, les cheveux épars et tenant à la main un plumeau dont il se frappe le front par instants avec mollesse. On l'interroge. Il répond d'une voix rauque :

— Laissez-moi, laissez-moi. Il faut que j'en finisse. Je veux me briser le crâne ! Oubliez-moi. Adieu ! Madame Brême est coupable ! L'insecte est dans la pomme. Tout est perdu ! Il est nécessaire que le fruit tombe.

Nous nous empressons autour de lui. Peu à peu le charme de nos paroles agit. M. Brême se relève, saisit sa boîte à violon, et souriant, il écrase sur son nez une dernière larme qui y perlait encore.

On s'embrasse une dernière fois dans l'obscurité, — je parle des fiancés, — et l'on part.

A peine dans la rue, mon ami Le me saute au cou, brise à jamais mon faux-col, et déclare en pleurant que je suis son père.

De son côté, M. Brême, étreint et malaxe sans relâche mes doigts entre ses deux mains. Il a posé son violon sur le sol afin de se livrer plus librement à ces transports d'amitié, et il jure qu'il ne peut plus vivre sans moi.

Je les remercie tous les deux de leurs ardents témoignages de sympathie, et nous prenons ensemble le chemin de nos demeures.

Quand je suis seul, chez moi, je me demande, non sans effroi, ce qui fondra sur la tête de mon ami Le, le jour où madame Tigret apprendra que le collaborateur du *Moniteur illustré des pensions de jeunes filles* a menti comme tout un club de dentistes à propos du thermomètre de l'ingénieur Chevalier. Je me demande aussi si le *chef afghan* et M. Mathieu de Dombasle, lâchement abandonnés au bord d'un lac écossais, sortiront jamais de cette situation, qui ne saurait leur plaire bien longtemps.

IV

Outre son nom et sa tante, mon ami Le avait encore une cause incessante d'affliction.

Les chiens semblaient avoir pris à tâche de rendre malheureux ce brave garçon, qui, de son côté pourtant, n'éprouvait à leur égard que les sentiments de la plus tendre compassion, à l'exemple de Crébillon le père.

Quelques semaines après la réunion des accordailles chez M. Gerboise, je rencontrai sur le boulevard mon ami Le, le front chargé de rides et filant droit, sans regarder derrière lui. Je l'arrêtai dans son essor.

— Eh bien? qu'est-ce encore?

— Oh! rien. Mais vous me connaissez : c'es un pauvre...

— Chien?

— Oui, vous l'avez dit, un chien perdu. Quand je suis passé à côté de lui, il m'a regardé d'un œil illuminé d'un espoir suprême, et naturellement il m'a suivi. J'ai tâché de lui faire comprendre que je ne pouvais l'emmener avec moi, à cause de ma tante; mais il a fait la sourde oreille, et a continué de trotter d'un air pitoyable sur mes talons. Alors, profondément navré, je me suis précipité dans un corridor obscur afin de lui faire perdre ma piste, et j'ai attendu dans l'ombre un bon quart d'heure. Hélas! quand je me suis hasardé à regarder dans la rue, j'ai vu mon chien qui m'attendait, tremblant comme un fiévreux. Que faire? J'ai pris ma course brusquement à travers des rues étroites et populeuses. Cette manœuvre a réussi, je l'espère. Je suppose que le chien a perdu ma trace. Mais, néanmoins, filons, mon ami.

Nous filâmes, comme disait mon ami Le, et je l'interrogeai sur ses projets matrimoniaux.

— Tout est prêt, me répondit-il. Griette est protestante. On se mariera à la mairie seulement. C'est pour la fin du mois. La chose sera faite entre deux numéros du *Moniteur illustré des pensions de jeunes filles*. J'aurai la tête libre, alors. Je pourrai, sans gravures de Damoclès suspendues au-dessus de mon front, me livrer entièrement à mon bonheur.

4.

— Parfaitement raisonné. Mais madame Tigret ?...

— Nous la trompons, mon oncle et moi. C'est infâme, mais il le faut. Mon oncle assistera seul à la cérémonie municipale.

— Et un logement?

— Nous en avons loué un, à Vaugirard, près des fortifications.

— Je comprends : Distance de la rue Saint-Louis, huit kilomètres.

— Vous l'avez deviné. Ma tante n'ira jamais nous chercher là. Et plus tard, lorsque la réconciliation aura eu lieu, et ce jour béni arrivera, je l'espère, les visites de ma tante seront...

— Rares ?

— Hélas ! je dois avouer que telle est ma mauvaise espérance.

— Ah çà ! mon ami Le, permettez-moi de trouver que vous vous émancipez singulièrement. Vous portez des moustaches naissantes, maintenant !

— Oui, Griette l'a voulu.

— Mais la tante Méduse?

— Elle doit me déshériter si je continue à

donner, — c'est son mot, — à donner dans le fendeur de naseaux, dans le *Coq plumet !*

— Bah! la moustache est considérée par madame votre tante comme l'emblème du fendeur de naseaux et du coq plumet !

— Oui, mais Griette l'emporte. Miss Morse trouve également que cela me va bien. Un homme rasé complétement, dit notre amie, ressemble à une tête de veau ; il lui manque seulement du persil dans les narines.

— Miss Morse est dure pour le professorat.

Comme nous poursuivions de la sorte, sur un ton léger, notre conversation à bâtons brisés, mon ami Le fronça tout à coup le sourcil et murmura à mon oreille :

— Passons vite.

— Et pourquoi? dis-je.

— Ne voyez-vous pas, là, un chien qui paraît être dans l'embarras ?

En effet, devant la porte vitrée d'un magasin, et dressé sur ses pattes de derrière, un chien de chasse plongeait un regard inquiet, à travers les carreaux, dans l'intérieur de la boutique.

— Eh bien, que vous fait ce chien? demandai-je.

— Ou il est mis à la porte, ou il est oublié dehors par un maître distrait. Dans tous les cas, tenez, le voilà qui me regarde. Il me supplie de lui tourner le bouton.

— Eh bien, ouvrons-lui la porte.

— Je ne demande pas mieux. Mais vous allez voir, je vais avoir la douleur de l'entendre battre, aussitôt qu'il se sera introduit dans le paradis dont l'entrée lui semble absolument interdite.

Mon ami Le ne se trompait point. Nous tournâmes le bouton. La porte s'ouvrit. Le chien se précipita, vif comme un chamois, dans la boutique. Mais, l'instant d'après, il en ressortit, hurlant, gratifié d'un coup de pied.

— La! fit mon ami Le en gémissant, je vous l'avais bien dit. Je connais les chiens et les hommes, voyez-vous. Ceux-ci toujours stupides et méchants, les autres bons, confiants et fidèles toujours. Allons-nous-en! allons-nous-en!

Nous abandonnâmes à son triste sort le chien remis à la porte.

Mais cette scène pénible avait brisé pour une heure au moins le cœur sensible de mon ami Le; il garda donc un silence farouche, tandis que nous marchions, lentement, au milieu de la foule.

Au bout de quelques minutes, le principal collaborateur du *Moniteur illustré des pensions de jeunes filles* reprit cependant la parole, et me dit :

— Si tous les chiens se bornaient à implorer ma protection, je me déclarerais satisfait ; mais il en est, voyez-vous, mon cher, qui me méconnaissent d'une façon absolument insultante. Exemple : un de ces animaux dort sur le trottoir que je suis obligé de prendre. A un moment donné, il est donc nécessaire que je passe à côté de lui. J'exécute ce mouvement d'une manière polie, tranquille et amicale. De loin, je lui dis : « N'aie pas peur, mon petit ; je ne suis pas de ceux qui marchent sur les pattes des bêtes. Non, je vais, sans effleurer ta queue irritable, ou tes jambes, suivre le bord du trottoir. » Eh bien, mon cher, sourd à ces paroles conciliantes, ce mauvais chien se soulève, montre les dents et grogne d'avance. Cela me remplit de désespoir. Être incompris, c'est si triste ; c'est dangereux également. Je m'arrête, n'osant plus bouger. Le chien continue de me lancer un vilain regard. En vain je le comble d'amitiés ; il gronde sourdement, et quand, prenant mon courage à deux mains, je m'élance, il se jette sur moi, furieux comme un lion de Florence qui ne trouve pas d'enfant à rendre à sa mère.

— Tableau affreux !

— Oui, riez, mon cher. Mais ma vie est saturée de ces petites peines. Heureusement, Griette est là, qui mettra du baume sur les plaies de mon âme.

— Espérons-le !

— D'abord j'aurai un chien. Il me suivra dans les rues, et parlera à ses camarades plus clairement que moi. Ce sera mon truchement auprès des chiens perdus, oubliés, ou de mauvaise humeur. Que de serrements de cœur évités ainsi !

— Voilà un projet louable.

— Oui, car une fois marié, séparé de ma bonne tante, qui est un tyran, je le constate avec un filial ennui, je ne veux plus souffrir ! Mon verre n'est pas grand, mais je veux enfin le boire, seul, sans trouver dedans des chenilles à chaque minute.

Mon ami Le finissait à peine de déclamer à

haute voix cette courageuse profession de foi, quand une voix trop connue éclata, comme la trompette du jugement dernier, à ses oreilles, qui en tintèrent.

— Monstre! je sais tout! j'ai été dans les bureaux des grands journaux de Paris. On ne vous y connaît pas. Vous avez menti à votre tante, monsieur. Suivez-moi! Ah! vous vous dites inspecteur des thermomètres de Paris! C'est bien. Votre oncle me le payera!

— Madame, glissai-je, mon ami Le...

— Qui vous parle, à vous, jeune homme, s'écria la tante de mon ami Le, car c'était elle, hélas! qui venait, comme on le pense bien, de faire son entrée dans notre conversation, à la façon d'un aérolithe. Qui vous parle, à vous, poëtaillon? Laissez-nous la paix. Allons, partez.

Et d'un geste impérieux, madame Tigret me montrait l'espace.

— Adieu, Le, repris-je; j'irai vous voir demain.

— Vous ne le verrez pas, monsieur. Inutile de vous ruiner en frais de voitures. Considérez-le comme enseveli désormais dans un cloître.

Ah! je lui apprendrai à *se moquer de la barbouillée!*

Il n'y avait plus rien à dire ; madame Tigret venait de lâcher son proverbe suprême, sans se douter qu'on eût pu en faire de malicieuses applications à sa personne vénérée. Se moquer de la barbouillée, pour madame Tigret, signifiait tomber dans tous les désordres auxquels peut se livrer un homme pris de vin et livré à la plus crapuleuse débauche.

Mon ami Le s'était « moqué de la barbouillée, » M. Tigret s'était moqué de la barbouillée. La fureur de madame Tigret ne connaissait plus de bornes.

Empoignant son neveu par le bras, elle l'entraîna avec une vitesse de douze bons nœuds à l'heure, dans la direction de la rue Saint-Louis-au-Marais, et me laissa sur le boulevard, fort inquiet.

L'aimable figure de mademoiselle Gerboise se présenta heureusement à ma pensée; elle balança tout d'abord l'apparition fâcheuse des copeaux d'ébène de madame Tigret ; ensuite, elle me fit songer à aller au plus vite prévenir le vieux préparateur, en son cabinet du Jardin des Plantes, de ce qui venait de se passer.

Dans cette intention, et résolu à affronter d'un cœur ferme les parfums de la mammalogie, j'ordonnai à un cocher de fiacre, abîmé dans la lecture d'un journal de l'avant-veille, de vouloir bien me conduire à la fontaine Cuvier. Il obéit.

Je trouvai M. Gerboise à son bureau, entouré comme un Laocoon des anneaux multipliés d'un boa, décédé dans la matinée à la ménagerie.

Le récit que je lui fis de l'entrevue houleuse de madame Tigret et de son neveu glaça d'effroi le cœur de cet ami dévoué des mammifères. Il quitta à l'instant le boa auquel il allait rendre les derniers devoirs, et me proposa d'aller voir, au café des Arts, M. Tigret, qui devait s'y trouver encore, accompagné de M. Brême.

Au café des Arts, un conseil de guerre fut tenu.

Il n'y manquait que la carte posée sur un tambour que les peintres d'histoire affectionnent. L'évasion de mon ami Le fut résolue. M. Brême proposa d'aller jouer du violon dans la cour de la maison habitée par madame Tigret.

— Pendant qu'elle se précipitera à la fenêtre,

dit le musicien, pour m'ordonner d'aller exercer ailleurs ma coupable industrie, vous passerez à M. Le un ressort de montre taillé en scie, au moyen duquel il brisera ses fers.

Ce projet nous parut vieux et absurde. Nous expliquâmes poliment à M. Brême que les fers dont madame Tigret avait chargé son neveu se réduisaient en somme aux proportions d'une métaphore classique, et que le ressort de montre nous paraissait de trop. Il fut remercié cependant avec chaleur.

M. Tigret, nourri, couché, blanchi dans le sérail, et qui en connaissait évidemment mieux que nous les détours, se chargea de faire évader M. Le, un jour ou l'autre, avant la fin du mois.

— Par exemple, ajouta-t-il, ne comptez plus sur moi. Madame Tigret pourra fort bien m'empêcher, si mon neveu s'échappe demain de sa chambre, de revenir au café des Arts pendant un temps indéfini. Si je ne puis assister au mariage, je le regretterai ; mais, intérieurement, la joie battra des ailes dans mon âme.

Nous nous séparâmes sur cette phrase poétique.

V

Tel un gendarme entre deux prisonniers, à dix jours de là, madame Tigret montait l'escalier de M. Marin, accompagnée de son mari et de mon ami Le. Madame Tigret venait dîner chez le frère de l'aimable demoiselle qui *montre la poésie* à raison de cent sous l'heure.

Madame Tigret avait pardonné noblement à son neveu ses escapades thermométriques, qu'elle attribuait, — heureuse ignorance ! — à quelque mauvais motif du genre féminin. Elle avait également oublié la complicité honteuse de M. Tigret dans cette affaire louche ; mais elle les surveillait de près.

Mon ami Le, conseillé par ses amis (nous avions trouvé le moyen d'établir entre lui et nous une correspondance sûre par le canal du rédacteur en chef du *Moniteur illustré des pensions de jeunes filles*), avait feint d'accepter comme le rêve de toute sa vie l'espoir de se voir un jour accorder la main de mademoiselle Anne.

Cette concession inattendue ayant désarmé complétement madame Tigret, elle avait consenti à desserrer les triples liens qui maintenaient son neveu captif. Le pouvait sortir de sa chambre, mais défense expresse avait été faite au concierge de lui laisser franchir le seuil de la rue.

Je n'invente rien, et mon ami Le est là pour témoigner au besoin de la véracité de mes assertions.

Donc, dix jours après la découverte fatale faite par madame Tigret, M. Tigret et son neveu montaient l'escalier de M. Marin, sombres et mornes, et poussés dans cette voie périlleuse par madame Tigret, dont les copeaux d'ébène se manifestaient aux regards, inertes et affreux, sous un chapeau de crêpe rose, qui avait l'air d'un vieux bonbon.

Six heures sonnaient à toutes les pendules de la rue Saint-Honoré.

Un instant encore, et l'infortuné Le allait se trouver en face du golfe de Bothnie lui-même. Mais en cette seconde suprême, et comme il frottait ses pieds sur le paillasson de Marin avec une folle ardeur, une idée lumineuse traversa son cerveau.

— Hé! ma tante, dit-il, nous avons oublié le plus important.

— Que voulez-vous dire, monsieur?

— Qu'est-ce que tu as oublié? fit M. Tigret, prêt à seconder son neveu n'importe comment, et qui aurait donné plusieurs palettes de son sang pour l'aider à s'enfuir.

— Un bouquet, fit simplement mon ami Le.

— Voilà la première fois que je vous entends émettre une idée raisonnable, dit madame Tigret. Il est de fait que le jour d'une entrevue qui décidera peut-être de tout, un bouquet ne ferait pas mal. Vous, vous aussi, Tigret, vous m'apportiez des bouquets naguère!...

— Oh! naguère!... Trente-deux printemps ont glissé sur votre tête depuis le jour où, du lilas blanc au poing, je commis... où je vous fis ma première visite, ma chère.

— C'est possible, siffla sèchement madame Tigret.

— Ma tante, reprit Le, je vais aller chercher un bouquet. Le Palais-Royal est à deux pas.

Madame Tigret eut un instant d'hésitation, qui parut durer un siècle à ses deux compagnons. Mais comme cette honnête dame était à cent lieues de se douter qu'aux environs du Jardin des Plantes résidait, fraîche et souriante, une jeune personne du nom de Griette, elle accorda avec empressement à son neveu la permission que celui-ci sollicitait d'un air fort ennuyé, à ce qu'elle vit non sans satisfaction.

O madame Tigret ! comment, en cette minute décisive, n'avez-vous pas senti un frisson mortel parcourir votre corps, de la pointe de vos respectables orteils à l'extrémité de vos tire-bouchons, plus noirs que l'onde du Phlégéton !

Hélas ! non-seulement la tante de mon ami Le ne sentit point un frisson mortel décrire de nombreux et glacials zigzags dans son sein, mais encore, presque charmante, elle dit à M. Tigret, lorsque Le les eut quittés :

— Entrons, cher ami. Le nous rejoindra. Cela fera presque une surprise, ses fleurs aidant, tout à l'heure.

M. Tigret, docile comme la plume de fer à laquelle un écolier, fort en physique, présente le bout d'un aimant, s'empressa d'emboîter le pas derrière sa chaste moitié.

Et pendant que cette dernière répondait par un salut hautain aux paroles polies de la domestique qui était venue leur ouvrir au premier coup de sonnette, M. Tigret, tordant ses mains de joie, murmurait avec un gloussement étrange dans la gorge :

— Goutte d'eau ! brin d'herbe ! Bothnie ! Bon voyage ! Enfoncés ! enfoncés !

Le couple pénétra bientôt, annoncé par la servante, dans le salon cellulaire de M. Marin. Le mur principal était orné d'un grand christ d'ivoire qui semblait essayer de soulever le plafond avec ses mains, comme pour se sauver à son tour de cette demeure austère.

Mademoiselle Anne, qui cherchait vainement dans le répertoire de ses coquetteries d'autrefois une rougeur encore présentable, afin de l'exhiber en présence de son futur fiancé, reçut avec de petits cris de joie les invités de son frère.

— Eh bien ! et M. Le ?... O mon Dieu ! (et son regard interrogea le christ) serait-il malade ? dit-elle, en mettant une main longue sur son cœur.

— Mon neveu va revenir dans l'instant, répondit majestueusement madame Tigret. Tigret, droit ! droit !

— M'y voilà ! madame, m'y voilà ! s'écria l'heureux M. Tigret, qui regrettait cependant de ne pas être en ce moment mollement assis au café des Arts, devant les stores, et libre de s'allonger à son aise.

Mais comme une douce perspective s'ouvrait devant lui, comme il savourait d'avance la surprise orageuse qu'allait éprouver sa femme en voyant son neveu se conduire comme le mâle chevalier de Malbrouck, M. Tigret accepta placidement les reproches que sa tenue affaissée lui attirait.

Il daigna même serrer avec une ironique effusion la main que M. Marin, survenu sur ces entrefaites, lui tendit, onctueuse et compatissante.

Cependant l'absence de mon ami Le se prolongeait outre mesure.

— Que diable peut-il faire, ce garçon? demanda enfin madame Tigret. Je vous prie de l'excuser, mademoiselle. D'ailleurs, je ne veux pas garder le silence plus longtemps. Mon neveu est allé acheter un bouquet au Palais-Royal.

— Oh! quelle folie! minauda mademoiselle Anne, en caressant maternellement une boule du monde illustrée, qui était placée à côté d'elle sur un guéridon.

— J'espère bien, insinua très-gravement M. Tigret, que Le n'est pas allé ravir à la flore des Indes ses merveilles les plus suaves.

— Tigret, pas de plaisanteries. Droit!

Entre nous, je crois que le brave monsieur Tigret allongeait un peu la courroie. Mon ami Le, certes, n'était pas parti pour les Grandes-Indes ; mais cependant que mademoiselle Anne et son frère, étonnés et inquiets, se regardaient du coin de l'œil, le timide amoureux se sauvait à toutes jambes du côté du Muséum d'histoire naturelle.

Madame Tigret déclara, au bout d'une heure, que son cœur ne pouvait contenir plus longtemps une angoisse pareille, et elle intima à M. Tigret l'ordre de la suivre.

— Je vous le ramènerai, mes chers amis, pieds et poings liés, s'écria-t-elle en assénant à son chapeau rose un coup violent qui lui donna plus que jamais l'apparence d'un vieux bonbon à moitié fondu.

Et, digne, madame Tigret se levait déjà pour prendre congé de ses hôtes, en dépit de leurs supplications, quand un coup de sonnette, dont le bruit parvint jusqu'au salon où le Christ était prisonnier, la fit se rasseoir en tressaillant.

La bonne de mademoiselle Anne fit bientôt son entrée, tenant une lettre sur un plateau.

— Pour madame Tigret, fit-elle.

— Vous permettez, chère enfant? demanda madame Tigret, qui s'empara de la lettre, avec le geste d'une goule qui se sert une oreille humaine.

— Certes!

Madame Tigret ouvrit la missive, et lut tout haut ces quelques mots :

« Café des Arts. — France.

« Ma chère tante, il y incompatibilité d'humeur entre le golfe de Bothnie et moi. Je vous aime tendrement, mais je ne puis me sacrifier sur l'autel de la géographie, pour vous faire plaisir. Dans trois jours, je serai marié à une jeune fille, sage, vertueuse et belle. J'ai quarante ans. Je me dispense donc d'écouter vos avis. Je vous demande bien pardon. Je prie mon oncle de ne pas m'accuser d'ingratitude non plus. Et je vous embrasse de tout mon cœur.

« Votre neveu attristé,

« T. Le.

« P. S. — Amitiés aux Marin. »

— Miséricorde ! gémit madame Tigret. Et il disait qu'il allait acheter des fleurs ! Oh ! le serpent se cachait sous ces fleurs !

— Mon neveu s'est conduit là comme un... jeune homme, ma femme ! se hâta d'ajouter M. Tigret en étouffant de nouveau, dans sa gorge, un bruit, qui, chose singulière, aurait pu être pris pour un éclat de rire intérieur.

— Ma chère Anne, je vous demande pardon, gémit de nouveau la tante de mon ami Le.

Et, maternelle, elle voulut prendre la main de la jeune personne, mais celle-ci, cédant à sa douleur, entoura de ses bras la sphère terrestre et versa une larme au beau milieu du détroit de Gibraltar !

Je renonce à peindre les scènes déchirantes qui suivirent la lecture de la lettre imprévue de mon ami Le. Il est des voiles qu'on doit laisser discrètement retomber.

Qu'on sache seulement que la tenue de M. Ambroise Marin fut superbe. Il se borna à lancer un regard résigné sur l'image du Sauveur, et dit simplement :

— O ma sœur ! courbons-nous sous la main qui nous frappe. Mais qu'est-ce que le brin d'herbe? qu'est-ce que la goutte d'eau sans la paix du cœur ! Oublions et souffrons ! Et gardez-vous pour vos élèves.

Mais mademoiselle Anne, qui ne pouvait digérer le mépris avec lequel un vil littérateur avait traité le golfe de Bothnie, ne répondit que par de nouveaux pleurs, tombés cette fois dans l'isthme de Panama, aux exhortations si chrétiennes de son frère.

Ici nous arrivons au therme de l'histoire de la révolte de mon ami Le.

Ce brave garçon, dont le rédacteur en chef du *Moniteur illustré des pensions de jeunes filles* et moi fûmes les témoins, fut enfin uni à jamais — « pour le bien comme pour le mal » — à la charmante Griette, au jour dit.

M. Brême, qui emporta sa boîte à violon à la mairie même, et un jardinier en chef du Jardin des Plantes assistèrent mademoiselle Gerboise dans la même circonstance.

Après le griffonnage des signatures, comme il faisait un temps gris et doux, on alla déjeuner aux environs de Paris, dans un restaurant que la saison avancée faisait désert et calme.

L'oncle Tigret était de la partie, avec la permission de sa femme, qui défendit que, jusqu'à son dernier souffle, on lui parlât de son neveu, ce misérable ingrat.

M. Gerboise se montra d'une gaieté folle. Il raconta à son gendre cent histoires d'embaumements opérés avec le plus grand succès sur des sujets arrivés à un état de décomposition avancée. Il mêla agréablement à ces attachants récits scientifiques quelques descriptions de stores, dont le style charma tout à fait, au dessert, les heureux époux.

Les attentions du rédacteur en chef du *Moniteur illustré des pensions de jeunes filles* pour miss Morse, qui avait pleuré comme une grotte à stalactites tout le temps de la cérémonie, le matin, furent l'objet de commentaires joyeux de la part de chacun des convives.

Seul, M. Brême, fidèle à ses habitudes, ne put contempler d'un œil enfin tari le spectacle du bonheur qui remplissait l'âme d'autrui et brillait sur tous les visages.

Les innocentes caresses qu'échangèrent les époux, la vue des sourires de miss Morse et du rédacteur en chef de mon ami Le, la joie tendre qu'exprimaient toutes les bouches, firent du cœur de M. Brême une pelote humaine percée de mille coups d'épingle.

Le souvenir des frasques de madame Brême se dressa tristement dans son esprit, et à deux reprises différentes, après le rôti et au moment du café, il voulut mettre fin à ses jours.

Au rôti, il se précipita par la fenêtre, dans l'intention de se briser le crâne sur le pavé ; mais, comme nous dînions au rez-de-chaussée, il alla tomber, le nez en avant, dans une plate-bande. Il en fut quitte pour un léger saignement de nez et l'absorption d'une notable quantité de terreau.

Après le café, malgré notre surveillance active, il trouva moyen d'aller se fourrer dans un bassin destiné à mettre des carpes, où il y avait encore deux pouces d'eau vaseuse. Le bassin étant large, mais très-court, M. Brême s'y tenait, quand nous le repêchâmes, couché en chien de fusil, sur le côté.

On parvint, non sans peine, à le décider à quitter son humide retraite ; et, un quart d'heure après, bien séché devant un feu violent, il buvait à petits coups, en souriant, un verre de chartreuse verte.

Ce furent les deux seuls incidents remarquables de ce jour sans nuages, et que nulle apparition de chiens perdus ne vint assombrir pour mon ami Le.

Un dernier mot, et je termine.

Un toast, qui réunit tous les suffrages, fut porté par M. Tigret en personne, à l'issue du festin. Ayant rempli son verre de beaucoup de mousse et d'un peu d'aï pétillant, M. Tigret proposa de boire :

— Au desséchement prochain du golfe de Bothnie!

Des bravos enthousiastes et réitérés saluèrent cette belle parole, dont je me hâtai d'expliquer la portée au jardinier en chef du Jardin des plantes, que l'étonnement avait rendu muet.

LA PORTE!... S'IL VOUS PLAIT!

A MADAME G. CANOBY

I

Il y a plusieurs années, dans une maison de la rue de l'U..., au faubourg Saint-Germain, plusieurs jeunes gens, une demi-douzaine environ, se réunissaient une fois par semaine, le soir.

Le salon où les attendait hebdomadairement un thé modeste, faisait partie d'un petit appartement situé à une distance assez rapprochée du royaume des cieux, dont le locataire, à cette époque, était mon ami Boleslas Karski, étudiant en médecine, fils d'un réfugié polonais, ainsi que son nom l'indique suffisamment.

De la fenêtre unique de cette chambre modérément garnie, le regard planait, comme l'oiseau, sur les habitations voisines, et principalement sur la cour intérieure et les bâtiments d'un grand hôtel qui faisait face à la maison que nous envahissions joyeusement tous les vendredis.

Or, pendant l'hiver, la vue n'en coûtant rien, comme disent les marchands, nous assistions fréquemment aux grandes soirées qui se donnaient dans l'hôtel.

Nous appelions ce divertissement gratuit — aller dans le monde *par à peu près*.

Les cinq ou six amis de Boleslas, votre serviteur excepté, étaient tous d'origine étrangère. Un Allemand, deux Anglais, un Danois, et Jacob Nitolff, un Russe à cheveux blonds, d'une fraîcheur éblouissante, composaient la petite société internationale dont j'avais le plaisir de faire partie.

Notre congrès pacifique, ainsi que nous le qualifiions quelquefois, s'occupait de tout beaucoup, à part la politique. L'art, les lettres, les sciences, nous charmaient infiniment plus que les questions à l'ordre du jour en ce moment ; et Boleslas, le Polonais, n'avait pas besoin de prendre un fusil pour s'expliquer avec le Russe Nitolff, qui, de son côté, à propos de souliers à la poulaine, négligeait de le traduire devant une commission militaire.

Les Anglais assistaient aux débats, sans les envenimer par de doucereux conseils, comme leurs compatriotes; l'Allemand et le Danois ne pensaient pas plus à la question des duchés qu'un chien ne pense à une dissertation latine.

Tout allait donc pour le mieux dans le meilleur des petits mondes possibles.

Au mois de février 1863, divers motifs éloignèrent du salon de la rue de l'U... la plupart de ses habitués.

Nous fûmes, Jacob Nitolff et moi, pendant plusieurs semaines, les seuls convives de Boleslas.

C'est alors que nous remarquâmes chez notre ami, d'une égalité d'humeur parfaite, ordinairement, des bizarreries de conduite auxquelles nous ne prêtâmes d'abord qu'une médiocre attention, mais que leur périodicité nous fit examiner ensuite plus sérieusement.

Ce brave garçon, d'une urbanité rare et vraiment infatigable, et qui d'habitude se fût formalisé si l'on eût quitté sa chambre avant deux heures du matin, ne faisait plus maintenant aucun effort pour nous retenir quand, vers onze heures et demie, attristés par sa contenance préoccupée, nous faisions mine de nous lever.

En outre, pendant tout le temps que durait notre visite, sa figure, gaie à notre arrivée, se contractait visiblement, et les mouvements nerveux de ses doigts, les trépidations fébriles de ses pieds, dissimulés, disons-le tout de suite, autant que possible, témoignaient d'une agitation intérieure extrême.

Évidemment, notre cher Boleslas, malgré tout le vif plaisir qu'il éprouvait à nous recevoir, désirait avec ardeur, surtout à l'approche de minuit, sinon de nous voir partir, du moins de rester seul, livré à lui-même, nous présents.

Nous n'avions connu à Karski que les amours légères de la vingtième année, et nous ne pouvions supposer que l'attente de l'arrivée d'une femme comme celles qui peuplent la rive gauche de la Seine, eût le pouvoir de le troubler à ce point.

Néanmoins, par discrétion, nous avions le soin de le quitter de bonne heure, sans même lui lancer les plaisanteries d'usage entre jeunes gens;

et c'était avec une véritable peine que nous sentions, en lui disant adieu, que la poignée de main qui répondait à la nôtre était distraite, et, disons plus, donnée avec une certaine satisfaction.

Cela nous affligeait, je le répète, mais en nous rappelant les délicates preuves d'affection que nous avions reçues jadis de Boleslas, nous nous consolions. Au bas de l'escalier, nous n'y pensions plus.

Un soir, en fermant la porte de la rue, nos yeux furent éblouis par la lumière des lanternes d'une grande voiture qui s'arrêta brusquement devant l'hôtel situé vis-à-vis.

— *La porte! s'il vous plaît?* mugit, au milieu du calme de la rue déserte, le cocher poudré comme un pêcher en fleurs.

— Diable! murmura Nitolff, voilà ce qu'il nous faudrait pour retourner chez nous.

— Sybarite, répondis-je. La Fortune antique n'avait qu'une roue.

— Je suis pour la mythologie moderne, me répliqua-t-il; elle en donne quatre à la Fortune.

II

Le premier vendredi du mois de mars, à l'heure accoutumée, je me rendis chez Boleslas, très-déterminé à lui demander le secret qu'il s'efforçait vainement de nous cacher.

En arrivant dans la rue de l'U..., je vis, à la lueur des becs de gaz, une énorme quantité de paille répandue sur le pavé, à la hauteur de la maison de Karski.

Sans m'inquiéter beaucoup de la présence de cette couche de paille boueuse déjà, qui dénonçait la présence d'un malade dans les environs, malade qui ne pouvait être mon ami, car la paille destinée à amortir le roulement incessant des voitures indique généralement un malade pourvu de rentes sur l'État, je montai rapidement au quatrième étage.

Je frappai. Personne ne répondit. Comme la clef était dans la serrure, je la tournai, et m'introduisis dans le domicile de l'étudiant.

La lampe, allumée, projetait sous son abat-jour des rayons doux sur la table qui la supportait, laissant le reste de la chambre dans une pénombre assez épaisse.

J'appelai Boleslas ; un soupir, suivi de sanglots étouffés, qui partaient de l'alcôve obscure, me répondit. Et je vis mon malheureux camarade d'espérances et de joies, couché tout habillé sur son lit, la tête enfoncée dans un oreiller, pétrissant à pleins doigts les draps et les couvertures.

Je lui touchai l'épaule. Il tressaillit, se releva brusquement, me regarda avec ses yeux creux, mouillés, et sans attendre la question qui me montait du cœur aux lèvres, il me dit d'une voix basse et saccadée :

— Ah ! tu es seul. Tant mieux. Si Nitolff était venu, je serais resté muet. Mais tu me comprendras, toi.

— Oh ! Karski !

— Laisse-moi dire. — Tu as vu de la paille dans la rue? Oui. Eh bien, tu sais alors qu'il y a un malade près d'ici. — Oh ! — et il se tordait les doigts en parlant ; — ami, Cécile de G... se meurt, la fille de la vieille marquise de G..., oui, qui demeure en face, dans l'hôtel. Elle se meurt ! et moi, pauvre, misérable, inconnu, je suis là à pleurer et je l'aime; je l'aime, vois-tu; mon Dieu, voilà l'aveu fait !

— Mais, fis-je en parlant à tout hasard et sans manifester aucun étonnement, tu t'abuses peut-être. Cette jeune fille n'est pas aussi près de mourir que tu le penses. Dieu ne reprend pas toujours les anges qu'il envoie sur la terre pour le faire bénir...

— Non ! reprit-il avec force, non ! elle meurt ! elle a la fièvre typhoïde. Je le sais. J'ai été au cabaret avec ses domestiques, son concierge, que sais-je? J'ai fait l'espion. Je sais tout. Elle meurt. Le médecin l'a dit, le lâche, le sans cœur, le brutal. Oui, il l'a dit. Et je suis tué par cette parole, et je ne peux cesser d'exister. Oh ! je l'aime, ami; je l'aime, comme un pauvre sa femme, comme un chien son maître, comme un sauvage son petit...; et rien, rien ne germe dans mon cerveau de médecin. Il n'y a rien à faire. Morte ! oh ! oh ! oh !

— Boleslas, mon enfant, voyons, un peu de nerf. Elle est jeune, vigoureuse comme une plante, qui sait?

— Oh! non! non! c'est fini. Oh! que je l'ai

aimée ! — Je l'ai suivie partout, pour la voir un peu, à la messe, au théâtre, au bois. Elle, donnant un louis à la quête, moi, dix sous ; Elle, dans une loge, moi au parterre ; Elle, en voiture, moi à pied. Et je la voyais encore, ici, là, sous ma fenêtre, la nuit ! — la nuit quand, rose, parée, joyeuse, après avoir été courtisée par d'autres que moi, serrée entre les bras d'indifférents brûlés de punch ou de glace, dans des salons d'où l'on m'aurait prié — poliment — de sortir, elle revenait avec sa mère, dans leur voiture...

Oh ! combien de fois, Nitolff et toi, et nos amis, vous m'avez volé le poignant bonheur de la voir ! oh ! combien je vous haïssais !

Quand son cocher criait et demandait qu'on lui ouvrît la porte de l'hôtel, je sentais mon cœur s'évanouir en moi ; et vous me forciez à rester aimable, attentif à vos paroles !

Ce cri que poussait un domestique ennuyé du haut de son siége, ce cri était pour moi l'appel amical que Dieu fait parfois aux damnés repentants qu'il veut introduire dans son paradis ; ce cri, c'était l'eau limpide et froide dans le désert torride ; c'était le billet de banque glissé mystérieusement dans le tiroir d'un pauvre diable, le matin d'une échéance, c'était la vie enfin, la vie avec ses sourires, ses gaietés, ses rayons printaniers de soleil !

C'était la vie ! et, traîtres, vous me l'arrachiez! — oh ! pardon, mon ami ; pardon, je suis fou, oui, bien fou ! Mais j'ai tant été torturé depuis huit jours, que j'ai l'âme et le corps exaspérés. O ami, ami, si tu savais? — Tiens, lorsque la voiture s'arrêtait devant la porte, avant que le suisse l'eût ouverte, je me précipitais à ma fenêtre, quand vous n'étiez plus là, quand j'avais la joie immense d'être seul !... Pardonne-moi mon ingratitude, mon manque hideux de confiance ; mais je ne savais pas ; j'étais avare de ma jouissance, et je n'en voulais donner aucune parcelle à aucun autre.

J'allais à ma croisée, je me penchais avidement, sans pouvoir respirer, sentant mon cœur battre bruyamment, au-dessus de la rue où les files de becs de gaz brillaient, où craquaient les bottes des passants retardataires, et je regardais avec ivresse, malgré la pluie ou la neige qui tombaient parfois.

Et je voyais la voiture aux harnais reluisants, aux fanaux resplendissants, entrer dans la cour qui retentissait, et décrire son demi-tour avant de s'arrêter au perron de la marquise. Des domestiques, un flambeau à la main, s'empressaient sur les degrés.

Alors, mon ami, Elle descendait, enveloppée de sorties de bal neigeuses. — Je voyais son pied exquis se poser sur les marches, je voyais son divin profil se dessiner un instant, ô court instant! sur le fond lumineux; ses pendants d'oreilles étincelaient, ses yeux brillaient. Elle montait les degrés, sa mère la suivait. Et tout redevenait nuit dans la cour.

De fenêtre en fenêtre, d'étage en étage, les lumières couraient, et tout redevenait nuit dans l'hôtel.

O cher, ô bien cher, alors, je la voyais encore. Hélas! chose amère et enivrante, je la suivais lâchement du regard de mon âme corrompue, et j'accompagnais sa femme de chambre dans son appartement.

Va, mon ami, nos aimées sont toujours des anges, mais leurs ailes ont des volants et des tuyaux, et nous savons que tout cela tombe le soir; nous avons la foi perspicace!

Hélas! ô punition effroyable du manque de foi,

Elle va retourner au ciel toujours fermé pour les vivants, et je ne la verrai jamais plus. Elle meurt ! Elle meurt !

En te parlant longuement d'elle, ma douleur s'était engourdie, et voilà qu'elle me revient plus lancinante et plus formidable. Que je souffre !

Entends-tu passer les voitures dans la rue? Entends-tu? Écoute. C'est terrible. Elles arrivent bruyantes, indifférentes, pressées, jusqu'à la porte de l'hôtel où Elle se meurt... Ces voitures arrivent comme des visiteurs au chevet d'un malade qu'on vient voir par bienséance, et, comme au chevet d'un malade,— en passant sur la paille, cet horrible tapis, — écoute : *elles roulent bas !*

On n'entend plus que le cliquetis sec des ressorts, comme au lit des mourants on n'entend que le bruit des fioles qui se choquent doucement entre elles.

Puis la visite finie, la porte triste passée, plus bruyantes que jamais, presque joyeuses, et comme heureuses d'en être débarrassées, les voitures reprennent leur course rapide.

Oh ! c'est mourir longuement que d'entendre ces voitures sans pitié; pas un instant de répit, toujours, toujours elles arrivent, et soudain, par leur silence subit, elles me crient : Ta bien-aimée se meurt, ta Cécile !

— Entends-tu ces voitures ; elles roulent sur mon cœur, et j'étouffe.

III

Quelques jours après cette conversation désolée, un matin, la paille fut balayée devant la porte de l'hôtel de G*** ; la mort n'avait plus besoin d'étouffer le bruit de ses pas ; on ne pouvait plus l'entendre venir.

Pendant trois heures, un soleil jeune et chaud, au-dessus de la tête d'un cocher tout vêtu de noir, à part ses culottes de tricot, illumina un écusson, au chiffre d'argent, cloué sur la façade de Saint-Thomas d'Aquin

Prévenus par moi, tous les amis de Karski, à l'exception de Jacob Nitolff, rappelé subitement à l'armée par le czar, vinrent chez leur malheureux camarade, et l'emmenèrent, le jour sinistre, dans le bois de Meudon.

O bois, vous le rappelez-vous, ce matin si pur,

si rassérénant, si vivifiant, où nous avions tous dans l'âme une tristesse sincère ?

Et vous, grands arbres encore défeuillés, où les nids désertés semblaient si noirs sur le ciel, vous rappelez-vous la douleur sans arrêt du pauvre Boleslas, et sa figure hébétée et navrante ?

Quelle matinée ! On travaillait dans les champs des environs, et les coups de hoyau nous faisaient souvenir des coups de bêche sinistres qu'on donnait à Paris.

Nous dînâmes à l'Ermitage de Villebon, — par habitude ; nous n'avions rien mangé depuis le matin — dans un cabinet tendu de nattes, qui donne sur des prairies calmes.

Au dessert — hélas ! on a du dessert même aux jours de désespoir — au dessert, Boleslas nous apprit qu'abandonnant ses études médicales, il allait retourner en Pologne. Je serai à Cracovie dans huit jours. L'amour, ajouta-t-il, l'amour égoïste m'avait fait oublier ma patrie. Je vais lui demander pardon de mon ingratitude, et je le mériterai, allez, ce pardon !

. . . .
. . . .

Il partit. Mais avant de se mettre en voyage, il me pria de l'accompagner au cimetière.

Hélas! la triste satisfaction de pleurer sur la tombe de mademoiselle de G... fut refusée en partie à mon ami.

Les riches ont des caveaux de famille. Ils ont pignon sur cyprès. Les os de l'aïeul et la poussière de l'enfant fragile sont mêlés dans des tiroirs superposés, qui se suivent et se ressemblent.

Il ne put que cueillir un brin d'herbe entre les pierres de taille de l'immeuble funèbre ; et sur une feuille de son carnet il dessina grossièrement le galbe du tombeau, cette porte du ciel sur le seuil de laquelle reste toujours l'espérance.

Au-dessus il dessina vaguement la figure de la jeune morte sous la forme d'un ange s'envolant.

Ce fut tout ce qu'emporta sous les sapins de son froid pays, cette âme dévouée, à jamais veuve.

. . . .

Cette histoire simple qui vient d'assombrir un instant votre pensée, madame, n'aurait pas eu de dénoûment sans la lettre que j'ai reçue en juillet 1863, et dont je vous vais lire un fragment :

« ..... Pas de nouvelles de Boleslas ? Qu'est-il
« devenu ?

« Quant à moi, mon bon ami, je me porte
« guerrièrement bien. J'ai vu le feu, comme on
« dit. — Quelle émotion, mon bon ! Émotion qui
« a failli me coûter cher, car j'ai également vu
« la mort de près, grâce à mon inexpérience des
« batailles.

« C'était à Radzivilow, à la tombée de la nuit,
« par un temps de brume glacée dont je me sou-
« viendrai.

« Je sortais d'un massif de poiriers sauvages,
« à la tête de mon peloton, et nous tombons,
« tout à coup, sur un gros d'insurgés qui fai-
« saient la soupe.

« L'un d'eux m'ajuste précipitamment, et me
« manque, heureusement ; je prends un pistolet,
« et à dix pas, je lui casse la tête. Mes hommes
« font fuir le reste.

« On fouilla les morts, et sur celui dont ma
« balle avait arraché le masque terrestre de chair
« (un sous-lieutenant, à ce que prétendirent les

« soldats), on trouva, pour toute correspondance
« secrète et pour tout plan d'attaque, un croquis
au crayon représentant une espèce de guérite
surmontée d'une croix et une figure d'ange.
Ces Polonais mettraient des anges pour servir
un canon !

. . . .

« Jacob Nitolff. »

. . . .

Je n'ai pas encore eu le courage de répondre à
a lettre de Nitolff.

JEAN TRACY GUDD

A FÉLICIEN ROPS

« Oui, oui, et nous ne craignons pas de l'affir-
« mer, en quelque lieu qu'il soit bu le punch est
« une bonne chose, une adorable chose ; mais
« chez maître Bloot, autant par la façon dont il
« est fabriqué que par la cordialité avec laquelle
« il est offert, c'est assurément une chose di-
« vine.

« On a souvent prétendu (et la vieille Paddy est
« du nombre illimité des *on*) qu'une des prin-
« cipales conditions de l'excellence de cette bois-
« son est le parfait et impartial mélange des sub-
« stances diverses qui la composent ; eh bien, ce
« soir, quoique l'élément aqueux ait cédé res-

« pectueusement la place à l'élément alcoolique,
« le punch de maître Bloot nous a paru d'une
« perfection remarquable.

« Et remarquable à un point tel, que nous,
« Gudd, buveur ordinairement silencieux, nous
« avons étonné, sur le coup de onze heures, une
« assemblée aussi indulgente que nombreuse,
« par nos fréquentes motions approbatives et par
« notre loquacité vertigineuse.

« Loquacité qui, nous vous supplions de le
« croire, n'avait d'autre source que notre vif et
« vraiment irrésistible désir d'exprimer au maître
« du logis le plaisir inattendu et excessif que
« nous causait la dégustation, réitérée à l'infini,
« de son sublime breuvage . . . . »

Ce soliloque reconnaissant s'envolait un soir
du mois sombre qui contient Noël, sur les ailes
du vent du nord, dans la grande rue d'une petite
ville, située sous tels degrés de longitude et de
latitude qu'il vous plaira.

Il était prononcé par un passant dodu, barbu,
mafflu, ventru, le seul que vraisemblablement on
eût trouvé, à cette heure avancée, et immorale-
ment indue, discourant sur le grès citadin.

Stop ! passant solitaire ! Je vais te présenter à

ces dames et à ces messieurs : « Nobles lecteurs, j'ai l'honneur de vous avertir que le peintre Jean Tracy Gudd, âgé de cinquante paisibles années, passe sous vos yeux, dodelinant de la tête et barytonnant du larynx. »

Soit que la longue tirade imprimée ci-dessus eût considérablement fatigué le vieux Gudd, soit que le froid piquant eût fait rentrer précipitamment toute une suite impétueuse de paroles dans leur chaude habitation, le fait est que le silence de la nuit ne fut plus troublé que par de rares polysyllabes.

Ces polysyllabes eux-mêmes, lesquels, j'en mettrais ma dextre au feu, comme Mucius, étaient de forts jurons, s'ensevelissaient dans le collet de fourrure de l'ample manteau du vieil artiste.

Tout bruit avait donc cessé; le pas même de Gudd, grâce à ses gigantesques caoutchoucs, était étouffé; et, dans l'ombre, le long des murs, le peintre filait comme un noir... sylphe, allais-je dire, si les proportions étonnantes de son abdomen n'eussent fait rentrer en mon cerveau déréglé cette hardie métaphore.

A la lucarne du ciel la lune montrait sa face

blafarde, et, tout en argentant de ses rayons calmes les toits pointus, illustrés de girouettes impassibles, et les murs convexes des maisons qui semblaient avoir une indigestion de moellons, elle souriait malicieusement des singulières sinuosités que le vieux Gudd jugeait à propos de décrire sur le pavé en regagnant son logis.

« Hé, vieux! semblait-elle dire en clignant de l'œil, que diable avez-vous ce soir? Qu'avez-vous perdu que vous cherchez si drôlement? Votre démarche a, évidemment, un grand nombre de points de ressemblance avec le pas capricieux des crustacés que fait rougir l'eau bouillante, ou si vous aimez mieux cette comparaison, avec l'allure qu'aurait problablement eue Janus, le dieu bicéphale, s'il avait voulu savourer les délices d'une promenade au bord du Tibre. »

Et Phœbé, elle qui ne montre jamais qu'une face, heureuse de cette innocente satire féminine, riait silencieusement en se balançant sur l'escarpolette céleste.

Quelquefois, lorsqu'un heurt nouveau mettait Gudd dans une grotesque position, n'y tenant plus, elle se cachait derrière un nuage pour éclater de rire à son aise.

Puis elle reparaissait, pleine d'un flegme à toute épreuve, et comme un valet fidèle, suivait le flageolant buveur, en se livrant à des réflexions qui, je le pense, n'intéresseraient guère que Cyrano de Bergerac, bon poëte et excellent bretteur, et que je supprime ici.

En revanche, elles importunaient fort le vieux Gudd; ce visage railleur qu'il apercevait tantôt entre deux noires cheminées, tantôt derrière une grille de fer et l'examinant comme une nonne au parloir, lui causait sur les nerfs l'effet que peut produire sur une dame, recommandable à tous autres égards, le refus d'un cachemire parfaitement inutile, mais aussi parfaitement désiré. Cette antipathie que partagent, depuis nombre d'années, les intéressants quadrupèdes qui sont les amis de l'homme, je veux dire les chiens, eut cependant un terme dans l'âme ulcérée du respectable Gudd : il venait de voir sa petite maison, précédée d'un jardinet planté de flamboyants chrysanthèmes.

— Allons, vieux Gudd, dépêchez-vous d'entrer; il fait un froid boréal dans la rue; fermez la porte au nez du vent, bien ! Appuyez votre main sur le mur, bon ! Voici l'escalier; prenez garde à la première marche, là! montez!

— Diablesses de marches! dit Gudd titubant.

— Cric, crac! gémissait l'une, qu'il est lourd ce soir!

— Aïe, aïe! disait l'autre, il n'a pas pitié de notre âge avancé... oh! qu'il reste longtemps sur moi!...

— Ao, ao! criait la dernière, ne trouvera-t-il donc jamais le trou de la serrure!

La porte fut enfin ouverte, la porte de l'atelier du vieux peintre; un feu brillant pétillait dans la vaste cheminée, illuminant la chambre par places, et faisant subitement étinceler les vieilles armures appendues aux parois de la salle.

— Bonne Kate, murmura Gudd, en étendant les doigts vers la flamme bienfaisante, bonne Kate; elle a fait du feu... pour son pauvre maître... son...

— Assieds-toi, Gudd, et bonsoir je te souhaite, fit une petite voix sèche et cassée.

— Comment, vieille Kate, tu m'as attendu... à ton âge?

— Non, non, vieux Gudd, ce n'est point la

vieille Kate ; elle dort dans son lit, et rêve que tu la couches sur le parchemin de ton testament. C'est moi, Gudd, qui suis là, et te prie derechef de prendre un siége...

Si Kate avait eu un jour cette idée singulière et neuve de servir un enfant rôti au souper de son maître, il est probable que Gudd n'aurait pas été plus stupéfait qu'en ce moment.

Il ne fut cependant que stupéfait, car le punch de maître Bloot, joint à son admirable flegme habituel, lui fournissait le courage de l'homme qui voit s'écrouler les empires sans broncher, comme dit Horace.

Mais vous, lecteurs très-précieux, qui pouvez être étonnés, en y mettant de la bonne volonté, vous avez droit à une explication simple.

La voici. *Audite :*

Dans le propre fauteuil de Gudd, devant le feu d'icelui, était assis, les jambes incongrûment étendues, son modèle ostéologique, ce personnage privé de tout embonpoint qu'on trouve dans chaque atelier et que l'on nomme un squelette.

Oui, le maigre gentleman, dont le prix d'outre-tombe est de cinq guinées, se prélassait sur le siége de Gudd et faisait tourner ses longs pouces avec toute la béatitude qu'y peut trouver un squelette.

A l'arrivée de son patron, il avait jeté par-dessus sa clavicule un regard interrogateur, puis avait tenu le propos rapporté plus haut.

— Drôle, drôle, assurément, dit le vieux peintre en s'avançant avec calme vers le singulier interlocuteur.

— Tu vois, j'ai entretenu le feu, continua ce dernier ; je t'attendais, car j'ai à causer sérieusement avec toi.

— Ah! oh! fit Gudd.

Et, se précipitant brusquement sur le squelette, il le voulut saisir par le crochet de cuivre fixé dans le sinciput.

Mais, bondissant comme le ressort cassé d'une montre confiée à des mains imprudentes, le maigre monsieur se mit à courir autour de la chambre.

Gudd le poursuivit.

Mais, basta! le squelette cabriolait sur les meubles, caracolait sur les escabeaux, faisait la roue au-dessus des tables et exécutait des sauts périlleux en avant et en arrière, en se livrant à une joie immodérée.

Il riait, il riait, il riait avec fracas en voyant le vieux Gudd souffler derrière lui comme un phoque sur les glaçons, et étendre la main pour saisir... le vent.

Et le pauvre Gudd, dans la semi-obscurité de l'atelier, fantastiquement éclairé par les flammes soudaines du feu mourant, se cognait durement les rotules et les phalanges à tous les meubles, disposés dans leur désordre ordinaire.

Devant cette scène bizarre, les portraits accrochés aux murs, illuminés tout à coup, riaient froidement et ironiquement.

Pages, soldats, damoiselles, bourgmestres, nobles d'épée, de robe ou de cloche, bourgeois et manants, riaient comme les dieux de l'Olympe à l'aspect de Vulcain.

— Ouf! exclama Gudd en tombant dans son fauteuil.

— Ah! ah! ah! ah! ah! ah! ah! cria le squelette dans une gamme de rires, te voilà rendu, presque mort, vieux Gudd; tu es mouillé de sueur comme le poussier au fond du bac à charbon. Ah! ah! je suis sec, moi, sec, sec, sec!

Vois plutôt comme je saute, regarde, hein?

Et il se mit à recommencer ses folies.

Ouvrant ses jambes comme un immense compas, il décrivait de prodigieux arcs de cercle au-dessus des chaises, passait entre les portants des chevalets et jouait au saut-de-mouton avec les manequins indignés.

« Ah! ah! ah! ah! il y a bien longtemps que je n'ai couru, Gudd; tu m'accroches pendant de si longues journées, il faut bien que je me dégourdisse les jambes, mes pauvres vieilles jambes, aujourd'hui que tu m'as oublié sur ta chaise, préoccupé de je ne sais quels... Ah! ah!

Et les sauts de la gymnastique de reprendre de plus belle.

Gudd, anéanti dans son fauteuil, murmurait, en voyant ce spectacle peu ordinaire :

— Drôle, drôle, assurément.

Enfin le squelette se posa comme une mouche fatiguée de voler; il s'assit sur le haut d'un bahut, et de ses talons osseux il battit une marche inconnue sur les panneaux des portes en riant à vilaines dents.

— Eh bien, Gudd, qu'en dis-tu?

— Drôle, drôle, fort drôle assurément; mais viens ici, mauvais sujet; viens, te dis-je, je ne te ferai point de mal... Je te le jure par le grand diable !

— Non, non, non, chanta l'homme aux muscles de laiton, je te connais. Je viendrais près de toi, et tu étendrais la main doucement, doucement, plus doucement encore, et puis, prrrit! tu me prendrais et me raccrocherais... Non, non, non !

— Je te donne ma parole... Viens ici, explique-moi comment il se fait que tu parles et que tu chantes, contrairement au devoir de tout être exhumé pour les besoins des beaux arts?

— Bridgette ! Bridgette ! fit la voix sèche.

— Par la double et généreuse corne du plus ferme mari qui soit dans cette ville ! hurla Gudd, que dis-tu là ?

Et le peintre électrisé se dressa, jambe de ci, jambe de là sur les bras de son fauteuil, comme un nouveau colosse de Rhodes.

— Bridgette aux yeux noirs comme ceux des souris, Bridgette à l'agile aiguille, Bridgette, ah! ah! Bridgette dont on couperait la taille d'un coup de fouet, Bridgette, ah ! ah ! trap! trap!

— Au nom du ciel! mon vieil ami, mon compagnon de travail, os de mes os, cher squelette, dis-moi ce que tu sais de Bridgette, implora Gudd, ému profondément.

— Non, non! à moins que tu ne me promettes de ne me jamais accrocher.

— Oh! oh! dit Gudd.

— A cette seule condition. Choisis.

Tout en parlant ainsi, le squelette s'amusait à un jeu étrange; il prenait les petites boules vertes, bleues, noires, rouges, jaunes, les vessies pleines de couleur, et jonglait avec elles.

Mais qu'il jonglait singulièrement!

Il en jetait en l'air une, deux, trois, quatre; puis, quand elles retombaient, il ouvrait sa bouche édentée, et les petites boules passaient par son maxillaire inférieur pour arriver dans ses mains, ses longues mains.

Gudd, malgré son anxiété, riait tout haut et avec abondance de cette façon particulière de se divertir.

Le jeu allait de plus en plus fort; les boules se succédaient rapidement en l'air comme les gouttes irisées d'un jet d'eau, descendant tout à coup et remontant avec vélocité.

De temps en temps, avec une aimable facétie, et une grande adresse, le squelette recevait une vessie rouge et une vessie blanche dans ses deux orbites larges et profondes.

Et Gudd s'esclaffait de rire à l'aspect de ces gros yeux bicolores.

De temps en temps aussi, quelques boules oubliaient la ligne perpendiculaire et s'écrasaient sur le plancher avec le bruit sourd d'un chat qui s'épate : pouf! pouf!

Et Gudd demandait grâce, grimaçant comme un *baby* qui vient d'éventrer son joujou pour voir ce qu'il y a dedans, ou comme le sultan du conte du *Dormeur éveillé*.

— Arrête! arrête! lui cria-t-il enfin.

— Tiens, je me fie à toi, répondit le vilain personnage desséché; et il se laissa choir en produisant sur le parquet sonore le bruit d'une règle d'écolier qui tombe.

— Que sais-tu de Bridgette, méchant garçon?

— Ah! ah! Gudd curieux, Gudd amoureux, Gudd a vu Bridgette à sa fenêtre; il a remarqué les petits doigts, le petit nez, les yeux noirs, et Gudd est passé souvent sous la croisée. Gudd a mis une chemise blanche tous les jours; Gudd a pensé à se faire couper la barbe; Gudd veut plaire; Gudd veut se marier...

— Cela est faux, par Vulcain !

— Gudd ment, poursuivit le squelette; Gudd veut avoir la fleur à la boutonnière et la fiancée au bras. Gudd l'a dit ce soir à maître Bloot; maître Bloot l'a dit à la vieille Paddy; la vieille Paddy le dira demain dans toute la ville, et toute la ville se moquera de Gudd. « Voyez, dira l'un, voyez le vieux peintre qui veut se marier ; voyez le vieux loup qui veut jeune brebis. Gudd par-ci, Gudd par-là... Ah! ah !

— Cela est aussi archifaux, mille Rubens ! Je veux rester garçon et non me marier. Cercueil pour cercueil, je préfère attendre le dernier.

— Oui, oui, grand feu de paille que tous les serments !... Faible lumière que la résolution de Gudd... Vienne une petite bouche, une petite Bridgette, et... phu, phu, phu, la lumière est éteinte...

— Eh bien... oui ! s'écria Gudd, éclatant au milieu du silence qui avait suivi la dernière raillerie du squelette, comme un projectile bien confectionné dans les arsenaux de l'État; oui ! je le confesse, je veux me marier; je ne peux plus

vivre solitairement ; la vie érémitique me tue.
Je songe à l'avenir, à la maladie, à la vieillesse, à...

— Ah! ah! ah! trop vieux! trop tard! trop
vieux!... Et puis n'as-tu pas la vieille Kate!

— Kate fait bien le thé... quand je suis malade... parce que je n'en bois pas... mais voilà
tout!

— Gudd se marier, lui! lui!

Et le squelette ne pouvant admettre un seul
instant cette perspective drôlatique, vint s'asseoir sur une chaise : ses genoux touchaient son
menton, et de chaque côté de son corps les
bras évoluaient comme les roues d'un bateau à
vapeur.

— Explique-toi clairement, insolent décharné,
lui demanda avec une nouvelle explosion de
vivacité le vieux peintre poussé hors des gonds.

— Tout doux, mon maître, tout doux! reprit
l'aimable échantillon de l'armature humaine, en
changeant subitement de position et en se passant, à plusieurs reprises, un long appuie-main
au travers des côtes. Tout doux!

— Voyons, voyons, parle, je t'en prie humblement.

— Oui, maître, tu es trop vieux. Tu as fait de la vie un meuble à mille tiroirs dans chacun desquels tu as soigneusement couché sur la ouate des années tes chères habitudes, bonnes ou mauvaises ; encore les mauvaises sont-elles plus dorlotées que les bonnes.

« Si Bridgette venait, tout cela serait mis sens dessus dessous ; elle fouillerait dans les casiers les plus sacrés à « *deux mains — trois cœurs,* » comme on dit, et tu mourrais de désespoir, et ton âme serait comme un petit étang couvert de fleurs sauvages qu'on vient de troubler profondément ; la boue reviendrait à la surface et les fleurs en seraient couvertes.

« Allégorie à part, la rage, l'ennui, la douleur détruiraient ton amour ! Voyons, Gudd ! le matin tu te lèves quand il plaît à Dieu et surtout à toi, tu passes ta vieille houppelande et tu te mets à ton chevalet, bon. Tu fais ta palette, puis tu commences à donner de la brosse à *toile que veux-tu.*

« Vingt minutes se passent. Tu penches la tête à droite, puis à gauche, tu la recules, tu l'avances, afin de bien considérer l'ouvrage de près et de loin, de large en long et de bas en haut. « Ah !

dis-tu, cela ne va point. » Et vite un coup de pinceau réparateur.

« Arrive la vieille Kate avec le thé. « Mangez, « monsieur. — Oui, oui, » et tu donnes un autre coup de pinceau, et le thé devient détestablement froid ; mais cela ne te fait rien, puisque tu as agi suivant tes idées.

« Songe, ami Gudd, aux funestes changements que la belle Bridgette apporterait dans l'économie de ton existence. D'abord de la méthode à foison ; le balai à l'ordre du jour. La belle toile d'araignée qui s'irise si bien, là-bas, aux rayons effrontés du soleil, serait détruite comme le furent Ilion et Babylone. Et tu ne pourrais te plaindre, povero, puisque tu aimes ton bourreau futur, ton Torquemada en cornette; mais tu serais malheureux, oh! malheureux!

— Drôle, drôle, assurément, murmura Gudd.

— Et puis, reprit le squelette, l'horloge marquerait sérieusement les divisions du temps; celle qui aurait mis un frein à la fureur de ton laisser-aller, arrêterait les complots excentriques du coucou qui sonne vingt-sept heures pour midi. Plus de flâneries! Gudd, dîner! Gudd, souper! Gudd, assez travailler !

« Et toujours Gudd! Puis viendraient les enfants, un, deux, trois ; — ne souris pas, Gudd! — les enfants qui furètent dans les cartons comme des rats curieux ; les enfants qui crèvent les vessies avec une épingle, et essuient leurs doigts n'importe où : les enfants qui font tomber les burettes à huile, et tracent des dessins oléographiques sur les croquis ; qui dessinent des bonshommes avec une pipe en feu, sur les estampes rares, quand ils ne les déchirent pas en morceaux impalpables que, par la fenêtre, ils font pleuvoir sur les têtes grincheuses des passants ; les enfants qui douent de moustaches épaisses, au fusain, le nez respectable des plâtres précieux ; les enfants enfin qui touchent à tout, qui brisent tout, qui mangent de tout.

« Je ne te parle pas du fil, des aiguilles, des plumes, des ciseaux, des brins de laine qui traîneront dans ton atelier, des dadas de bois qui giseront à terre quand tes mannequins auront rendu le foin sous les brutalités de tous genres ; non, quelque coloré qu'on puisse faire ce tableau désolant, il n'approcherait pas de la navrante réalité qui te fera brûler à petit feu si tu te maries.

« Et avec qui, bon diable! veux-tu te marier?
avec Bridgette!... une petite coquette, qui rit de
tes habits, commodes et chauds, mais étranges
de forme, de ta longue barbe, l'honneur de ta
poitrine! Une méchante fille qui invite ses amies
à se moquer de toi, de ton amour! Bridgitte!
ah! la péronnelle! Elle n'aime que son cousin
Jean, un bon gros patapouf, qui a autant de couleur sur les joues qu'un poupart de Nuremberg;
son cousin Jean, qui la mène à la dukasse...

— Hélas! c'est vrai! c'est vrai! soupirait Gudd.
C'est vrai...

— Et enfin, Gudd, ingrat Gudd, ivrogne Gudd,
débauché Gudd, plus de soirées chez maître
Bloot, plus de vieille Paddy, plus de punch irré-
prochable, plus de punch, cette aile alcoolique de
l'âme!...

. . . .

— Monsieur, il est sept heures, dit la vieille
Kate en entrant, sa théière à la main. — Ah!
mon Dieu! s'écria-t-elle, monsieur ne s'est pas
couché! — Monsieur, monsieur Gudd, éveillez-
vous!

— Va-t'en, squelette horrible!

— Moi squelette! moi! Mais il est donc gris

comme le sommelier du diable ! Il paraît qu'hier « tout allait par escuelles » chez maître Bloot !

— Hein? quoi ! Kate ? c'est toi? Pas possible... le squelette !

— Le squel..... Ah ! bien ! il est dans un joli état le vôtre; il a les bras arrachés, la mâchoire dévissée... les côtes... le bassin... le métacarpe...

— Prodigieux !

— Mais dépêchez-vous, monsieur, vous êtes de noce aujourd'hui ; on est venu vous inviter hier.

— Moi?

— Oui, vous, monsieur Gudd, le peintre.

— Et qui se plonge dans cet abî... qui donc se marie?

— Bridgette, votre voisine, que, sauf le respect que je vous dois, vous avez compromise chez maître Bloot... à ce que m'a répété la vieille Paddy...

— Moi ! par exemple !

— Oui, vous... vous avez dit qu'en trois jours...

— C'est bien, assez, Kate. Je me lève... de mon fauteuil qui m'a brisé les reins. Allume un peu de feu, sais-tu, on gèle ici.

— Ah! monsieur, j'en avais fait un bien beau hier...

— C'était bien toi?

— Sans doute...

— Hi! hi! oh! oh! Et le vieux peintre, joyeux et bizarre, s'en alla accrocher au mur son squelette démantibulé et inerte désormais, en murmurant : « J'étais célibatairement gris, ce me semble, hi! hi! »

TREMBLEVIF

A MADAME F. CÉCILE D'H...

I

L'ONCLE GUESDON

L'oncle Guesdon, teinturier à Rouen, rue *Eaux-de-Robec*, fut nommé, en 1845, curateur au ventre, à la mort de son frère, Antoine Guesdon, dessinateur en indienne. Madame Guesdon l'aînée, sa belle-sœur, étant enceinte en cet affreux moment.

Deux mois après le décès du pauvre Guesdon, qui ne laissait pour toute fortune à sa femme et à sa fille, la petite Cécile, âgée de deux ans, qu'un bout de champ, à peu près inculte, du côté de Bon-Secours, et une somme de 300 francs, amassée avec une peine infinie pendant les bonnes années où le coton ne fit pas défaut sur les marchés ; deux mois à peine, dis-je, après le triste voyage de la famille du dessinateur au *cimetière monumental*, madame Guesdon l'aînée mourut en donnant le jour à un pauvre petit être, malingre déjà, qui salua le monde de cris parfaitement lamentables.

Il paraissait si peu capable de vivre, que l'oncle Guesdon proposa d'attendre quelques heures, afin de voir si l'on ne pourrait pas faire l'épargne d'un petit cercueil, en l'ensevelissant en même temps que la mère, à ses côtés.

Mais, comme le marmot prit avec avidité le sein d'une nourrice, arrivée en toute hâte de Saint-Sever, bonne grosse fille mariée à un *cotonnier*, ami de Guesdon en son vivant, on dut, non-seulement renoncer au projet de l'oncle Guesdon, mais encore procéder, d'une part, à l'inhumation de la morte et, de l'autre, au baptême du nouveau-né.

Les deux cérémonies eurent lieu en même temps. Une dernière fois réunis dans l'église, la mère et l'enfant en sortirent pour se rendre, l'une dans la mort, l'autre dans la vie.

Et, comme le fit remarquer un lieutenant au cabotage parrain du maladif Jean-Eugène-Jules Guesdon, en se penchant vers sa commère : « La mère et l'enfant, partant du même mouillage, devaient, après un voyage au cours plus ou moins long, jeter l'ancre, on ne sait où, dans les mêmes eaux. »

La petite Cécile, entre ces événements, étonnée, ahurie, tantôt pleurant, tantôt souriant, mangeait des dragées (le lieutenant au cabotage avait bien fait les choses), en retournant dans la maison vide, tandis que sa mère s'en allait, sur les bras d'ouvriers teinturiers, le long de la côte qui mène au cimetière.

Son petit frère, endormi sur la poitrine de la *cotonnière*, subissait sans le savoir l'influence douce et chère de ce dévouement maternel, et auquel l'argent n'ajoute rien, de presque toutes les nourrices de campagne.

La brave femme, caressant d'une main rudement câline les beaux cheveux noirs de la petite abandonnée, et inquiète sans trop savoir pourquoi, berçait son nourrisson en lui chantant à voix basse :

> Do-o-do! do-o-do!
> L'enfant que je berce n'est pas à moi;
> Do-o-do! do-o-do!
> Ceux qui les font, qu'ils les bercent, bercent,
> Ceux qui les font, qu'ils les bercent donc.

Et pendant que le petit garçon était plongé dans l'oubli mystérieux du monde, la mère, sous le grand soleil, goûtait à pleine âme, entre les fenouils verts et les clématites traînantes, le repos sans limites et la paix silencieuse.

La brunette Cécile, de son côté, avait posé sa tête sur les genoux de la nourrice, et son pauvre petit cœur battait bien fort; elle rêvait de ces choses terribles ou charmantes qui passent confusément dans le sommeil des enfants.

II

De retour bientôt, les invités de l'enterrement, convives pour la plupart du repas de baptême d'usage, gais et le rire errant sur les lèvres, quoique parlant entre eux à voix contenue, entrèrent avec mille politesses exagérées dans la demeure où naguère un père heureux et une femme émue causaient de l'avenir de l'enfant grandissant et de l'avenir de l'enfant à naître.

L'oncle Guesdon, ôtant son habit, dont les plis indiquaient des années de commode, invita l'assistance à s'attabler et, versant à la ronde, proposa la santé de son neveu, Jean-Eugène-Jules Guesdon.

Le lieutenant au cabotage, se trompant de verre avec une adresse maladroite qui fit rougir sa commère, jeune dentellière blonde, fort rouge déjà, répondit d'une voix enrouée : « *Soyons parés !* » et vida son verre de cidre d'un seul trait.

Cet exploit fit rire l'assistance, et, la glace étant brisée de cette manière, on se mit à parler *coton, indigo, gaude, prussiate de potasse, éperlans, cidre, nègres, guerre, pommes* et *bestiaux* à tue-tête.

La nourrice, invitée à boire, choqua son verre contre le verre de tout le monde, en se levant à demi, son nourrisson au bras, et Cécile réveillée se mit à faire le tour de la table, embrassée par ceux-ci, interrogée par ceux-là, et souriant de son mieux.

Au dessert, lorsque les larges bouteilles normandes, à long col, ces bouteilles de vin précieux qu'on tient si bien en main, furent vidées, l'oncle Guesdon, en termes abondants et fleuris, exposa ses projets à l'assemblée.

Il se chargeait de l'éducation et de l'entretien, de la vie enfin des deux enfants de son malheureux frère.

Il jura par le *Gros-Horloge!* de faire du fils un bon ouvrier dans sa partie, et qui sait, peut-être un patron plus tard ; quant à la fille, il promit de la garder avec lui jusqu'à son mariage, mariage auquel il mettrait tout son cœur et toute sa bourse !

Tant de bonhomie, de générosité sans façon, émut l'assemblée. On vit quelques larmes briller dans les yeux des femmes. Les hommes serrèrent chaleureusement la main de ce bon oncle Guesdon et le félicitèrent.

Quelques-uns parlèrent à mi-voix de la force du sang, des liens de la famille ; enfin, tout le monde s'étonna outre mesure d'une résolution qui n'avait rien que de très-naturel, puis l'on se sépara après de nouvelles libations.

Le lendemain, il ne fut bruit, dans le quartier *Eaux-de-Robec*, cette petite Venise sale de

Rouen, que de la conduite paternelle et désintéressée de l'oncle Guesdon.

Au reste, il est bien entendu que la petite maison de Guesdon l'aîné, son champ et ses cent écus devinrent en quelque sorte la propriété du tuteur des deux orphelins.

Le ciel lui-même répandit ses bénédictions sur la teinturerie Guesdon, et vers la quinzième année de son neveu Guesdon, l'oncle se retira des affaires, décidé à jouir de sa modeste aisance et à la partager avec ses deux enfants d'adoption.

L'habitude, le besoin de causer métier, de revoir chaque jour ses anciens collègues et ses ouvriers, occupés par d'autres, le retinrent dans la rue *Eaux-de-Robec*.

Pour un motif que nous ne pouvons expliquer, le vieux célibataire, adoré, malgré son caractère rude et ses manières d'avare soupçonneux, par sa nièce, devenue une fort agréable jeune fille, et soigné par elle comme il ne méritait pas de l'être, introduisit dans son intérieur, sous le nom de dame de compagnie, faisant l'office de femme de charge, une paysanne noire et ridée qu'il avait connue jadis : la veuve Havril.

Naturellement Cécile fut immédiatement rejetée au second plan. Quelques jours suffirent. L'oncle Guesdon la pria, lorsque doucement, avec tendresse, Cécile le supplia de lui laisser le soin de la maison, de vouloir bien s'occuper désormais plus spécialement de ses travaux d'aiguille, alléguant son manque d'expérience, sa jeunesse et surtout la nécessité, et elle devait bien le sentir, de se créer une position dans la lingerie.

Cécile, ce jour-là, le cœur gonflé de soupirs amers, pressentant peut-être l'issue douloureuse de l'antagonisme naissant qui s'établissait malgré elle entre la veuve Havril et elle, attendit le retour de son frère, devenu apprenti teinturier après quelques années d'école primaire, et lui confia ses peines présentes et ses craintes fondées pour l'avenir.

Jean Guesdon, jeune homme pâle, presque toujours absorbé, avec une ride précoce au front, et le pli indicateur des souffrances internes de chaque côté du nez, frileux au suprême degré, d'une sensibilité de femme passionnée, s'affectant d'une horrible façon, courageux néanmoins, et *voulant* bien ce qu'il voulait, déterminé sans être entêté, écouta les plaintes trop justes de sa sœur bien-aimée, d'un air sombre, le poing sous le menton, l'index le long de la joue, les yeux perdus dans le vague.

Puis, lui prenant les deux mains, l'attirant à lui et la baisant sur le front d'une lèvre délicate, il lui dit :

— Patiente, Cécile, patiente encore deux mois, je t'en conjure. Mon oncle, vois-tu, est dans la position du *bûcheron* du conte ; il nous aime, du moins il a cette habitude ; mais il a assez de nous. Il veut nous *perdre* comme des *Petits Poucets*. Qui lui a fait son cœur d'aujourd'hui ? Tu le sais aussi bien que moi. N'en parlons pas. Mon oncle est libre. Nous sommes ses obligés. Taisons-nous. Il aurait droit de nous répondre durement ; je ne le veux pas pour toi. Quelqu'un ici veut régner seul ; de par son droit présent, ou de par le passé ? je ne tiens pas à le savoir. Notre cas n'a rien d'extraordinaire. Les orphelins voient cela tous les jours. Le mieux est de se taire et de partir.

— Mon Jean ! partir !... où ?... comment ?... sans argent ?

— Écoute. J'ai tout prévu. On a fait de moi un teinturier. C'est un état honorable ; mais je n'y ai pas le cœur. Ma tête est pleine d'autres idées. Tous les dimanches, tu le sais, et mon oncle m'en blâme assez, je passe de longues heures au musée. Les tableaux m'enivrent. Dans la foule, devant les toiles que j'aime, je m'isole. Moi seul je goûte pleinement ma joie intérieure. De ces grands cadres d'or il pleut je ne sais quelle rosée bienfaisante qui rafraîchit mon être, qui met des ailes à ma pensée et m'enlève hors de Rouen, par là-bas, je ne sais pas où. Oh! savoir peindre!

— Cher Jean, ne sais-tu pas les difficultés paralysantes qui enlacent le débutant. As-tu réfléchi? Je ne connais rien là dedans, moi, vois-tu, pauvre fille que je suis. Qui t'apprendra cet art divin qui réjouit l'âme par les yeux?

— Quelqu'un qui me l'a proposé, petite sœur. Un monsieur de Paris, un fier peintre, veut bien m'emmener avec lui. Nous avons causé longtemps. Vieux, décoré; tiens, rue Pigalle; regarde, voilà sa carte. J'ai promis de réfléchir. Si je consens, je n'ai qu'à écrire. Il m'enverra l'argent du voyage. Oh! j'en suis comme fou! — Il a emporté mes dessins, ces bêtises dont mon oncle rit tant. Il a bien voulu dire que ce n'est pas mal. Ma Cécile! je partirai!

— Et moi, Jean, oh ! moi, que vais-je devenir sans toi ? J'ai peur maintenant ici. On me chassera.

— Attends deux mois, je connaîtrai du monde. Une bonne lingère, à Paris, vit facilement. Tu verras. Cela ne sera pas long. Tu viendras me rejoindre. Oh ! quelle vie joyeuse le soir !

Cécile, tristement impressionnée par cet enthousiasme sans frein, sans calcul, sans regard en avant, acceptait néanmoins avec une joie intérieure l'espérance que lui faisait entrevoir son frère.

La nuit vint mettre un peu de calme dans ces deux jeunes cœurs agités, et clore des yeux où, depuis quelques jours, tant de larmes roulaient, âcres et lourdes.

Jean Guesdon ne tarda pas à mettre son projet à exécution. A la fin du mois d'octobre de l'année où il compta dix-sept ans, il partit pour Paris.

L'oncle Guesdon, en apprenant la terrible nouvelle, lança à sa nièce un regard, gros de reproches humiliants, sourit à la veuve Havril, qui grimaçait, au bord de la fenêtre, dans son fauteuil, en ravaudant les bas de laine noire de son patron, et dit :

— Lui ! peintre ! il périra sur l'échafaud !

III

TREMBLEVIF

M. D..., le peintre parisien, reçut Jean Guesdon avec cette affabilité sincère qui distingue l'accueil des artistes de toutes les autres réceptions, et l'installa dans sa propre maison, après l'avoir présenté à son nombreux atelier comme son enfant.

Jean Guesdon, tout en écoutant avec une attention religieuse les conseils du maître, en travaillant avec courage, sut se rendre indispensable.

Il épargna au vieillard, accablé de besogne, toutes ces démarches qui prennent inutilement le temps, l'entoura de soins et lui témoigna de mille façons ingénieuses et délicates l'affection qu'il avait pour lui.

Ardent, hardi, presque charmant à force de jeunesse et de foi, il n'avait gardé de son tempérament de province que sa sensibilité féminine et son horreur du froid.

A peine le ciel était-il brumeux, l'air un peu plus vif, le soleil moins vigoureux, que Jean Guesdon frissonnait de la tête aux pieds.

Aussi ses camarades d'atelier, entre autres un enfant de la Sologne, né près des marais, le surnommaient-ils *Tremblevif*. Tremblevif est le nom d'un petit village solognais, célèbre par ses fiévreux.

Tremblevif ne suivit jamais d'autre cours que ceux de M. D...; les années de séjour à Rome le tentaient peu. Néanmoins son talent s'annonçait.

Et puis, grâce à la bonté de son excellent professeur et ami, auquel il avait, en arrivant, raconté sa petite histoire, sa sœur Cécile, laissant de côté l'intolérable vie que lui faisait mener la veuve Havril, et s'inquiétant peu des cancans d'un petit coin de Rouen, cancans qui s'éteignirent, du reste, au bout de deux jours, était venue le rejoindre à Paris.

Les nombreuses connaissances de M. D..., sollicitées par lui, procurèrent à la chère et douce enfant un travail incessant.

Cécile occupait trois ouvrières en son modeste logement de la rue de Douai, à trois pas de l'atelier de son frère, lorsque M. D... mourut subitement.

Cet événement, toujours imprévu par le cœur quand la raison le pressent, dispersa naturellement l'atelier, dont les habitués déjà avaient quitté, un à un, leurs places favorites.

Plus d'un an avant ce fatal dénoûment, le *Solognot* qui avait baptisé Guesdon du nom de *Tremblevif*, abandonnant la peinture pour la sculpture, était devenu l'élève d'un de nos statuaires les plus aimés.

Ce Solognot, appelé Guillaume, et dit le *Vermeil*, probablement à cause de son teint frais, épanoui, heureux, rencontra, quelques jours après la mort de son ancien patron, Tremblevif, dans un des restaurants hétéroclites du boulevard extérieur.

— Que vas-tu faire, Tremblevif?

— Mais, dame! m'établir chez moi, dans un petit atelier, tout près de ma sœur, et accepter toutes les besognes honnêtes que la Providence voudra bien m'envoyer; il faut faire œuvre de ses dix doigts honorablement et de son mieux.

— Et la grande peinture?

— Ah! Guillaume! je vais d'abord travailler pour manger et pour avoir le droit de faire de l'art. Je ne vais pas aller déclamer dans les cafés, n'est-ce pas, que le siècle est ingrat, qu'il faut le mépriser, et puis me croiser les bras, fumer des pipes, et quémander mon dîner de chaque jour aux amis aussi peu fortunés que moi. Non !

— Filet aux champignons ! comme tu t'emportes. Et après qui en as-tu ?

— Je ne m'adresse à personne, parbleu ! surtout pas à toi, qui *tailles le bouleau* pour un ébéniste quelconque, et gâches de la glaise comme un nègre ! mais je dis que si les anciens de l'atelier me reprochent d'accepter des *copies,* des *gouaches,* des *aquarelles* de commerce, enfin toutes les ressources de notre métier, je me moquerai d'eux comme de l'an quarante ! Quand à force de travaux peu égayants, à force d'*illustrations* sur bois ou sur pierre, je serai parvenu à me ménager un jour ou deux de pain, oh ! alors, de grand cœur, je ferai une étude pour moi, pour ma récompense, pour ma joie; mais pas avant. Je veux avoir toujours des habits propres, c'est ma *toquade,* et comme je n'ai pas le sou, je veux le gagner, ce sou qui libère de toute obligation, de toute fausse poignée de main et de toute *coterie !*

— Tape là dedans, Tremblevif ! tu as du nerf.

Foi de Guillaume le Vermeil, un paysan des landes et des marais, tu es d'une fréquentation salutaire, tu remontes la machine. Une idée! à titre d'essai. Associons nos courages et nos mises de fonds. Prenons un même atelier. Feu, chandelle et local, cela reviendra pour chacun à infiniment meilleur marché. Qu'en dis-tu?

— Si je ne te connaissais pas, le Vermeil, j'hésiterais. Vivre à deux, c'est vivre à quatre : deux cœurs et deux pensées ; surtout entre hommes...

— Le crois-tu, Tremblevif, mon chaste ami?

— Ah!... sur l'amour, je suis ignorant comme un lièvre ; mais il me semble qu'entre deux époux ou deux amants, il doit se faire un mélange de pensées au profit de l'association ; tandis qu'entre garçons, il y a deux volontés bien distinctes et des goûts bien tranchés. Mais cela ne fait rien à notre affaire. Je te connais de très-longue date. C'est toi qui as taillé mon premier crayon, et m'as fait la première *charge*, je sais quel cœur tu es. J'accepte.

— Et mademoiselle Cécile ?

— Ne t'ai-je pas dit qu'elle continue de vivre chez elle. J'espère qu'elle aura un frère de plus, voilà tout.

— Un frère dévoué, Praxitèle et Daumier !
— Quand cherchons-nous l'atelier ?
— Demain, dès l'aube.
— Bonsoir, le Vermeil.
— A bientôt, Tremblevif.

IV

Guillaume le Vermeil, taillé dans le bloc, comme il le disait, était un excellent garçon. Grand, d'une fière prestance, vif, bruyant parfois, cheveux roux taillés en brosse vierge ; belles dents, large bouche à rire fin, grands yeux calmes, sans détours ; pas de signes particuliers, voilà son signalement.

Guillaume avait connu la plus rude misère : fils de quelqu'un, comme l'entend Brid'oison, il s'était frayé sa route tout seul ; assez courageux pour apprendre, assez dépourvu de prétentions pour s'arrêter à temps quand il voyait clairement qu'il ne pouvait atteindre au but qu'il se proposait, il demanda le succès à la sculpture, pour laquelle, du reste, il avait toujours eu un faible, après quatre ans d'études, sous la direction de feu le peintre D....

Les progrès qu'il fit dans ce nouveau bel-art furent prodigieux.

— Je campe mon *bonhomme*, disait-il, avec une audace qui m'émeut. Sacristi ! quand j'ai la cire ou la glaise dans les doigts, ça marche, ça marche comme par enchantement ! — Je vous *tords* un enfant, dès l'aube, — dès l'aube était son mot, — en vingt minutes, par Gavarni !

— Je ne serai pas le papa Rude, ni le Puget, ajoutait Guillaume ; mais ça ira, ça ira, et les aristocrates viendront à ma lanterne !

Et les commandes arrivaient, petit à petit. Au dernier salon, remarqué, mais non médaillé, il avait fait la trouvaille d'un critique de haut bord, auquel il manquait trois lignes pour clore son feuilleton.

Le nom de Guillaume lui plut, et le Vermeil se vit imprimé tout vif, avec un mot d'éloge et d'encouragement, dans l'un des premiers journaux de Paris.

Ce mot, hameçon perdu, fut mordu par deux ou trois rentiers qui ne croient qu'au talent célébré dans les comptes rendus, et Guillaume vit son pain désormais cuit pour l'avenir.

Quand il se vit connu de tout son petit monde, le bon garçon n'en devint pas plus fier; seulement il eut la pièce de cent sous plus facile, et, Titus au petit pied, il put quelquefois se coucher en disant : « Je n'ai pas trop perdu ma journée ! »

La location que Tremblevif et lui avaient projetée fut bientôt chose faite, et les deux amis célébrèrent par une fête modeste la prise de possession de leur domicile commun. La fête n'eut pas de lendemain, infraction grave aux lois antiques qui règlent les *pendaisons* de crémaillères !

Tremblevif, pressé par un éditeur qui voulait qu'on travaillât vite et payait peu, avait à « *livrer* » quatre *bois* pour un roman en cours de publication. En outre, le quai Voltaire lui réclamait un certain nombre d'aquarelles.

Guillaume le Vermeil avait demandé, selon son expression favorite, « un tombereau de glaise » la veille, et se proposait de *tordre* quatre évangélistes pour une église de la banlieue, avant la fin de la semaine.

Bref, travaillant de tout cœur, de toutes leurs mains, chantant, riant, brûlant des cigarettes, la vie — on était en hiver — s'écoulait prestement, dans l'atelier du boulevard Pigalle, pour les deux courageux amis.

Parfois, le dimanche, par les temps clairs, Cécile, dont la clientèle grandissait et s'épurait, les mauvaises pratiques s'en allant, rejoignait les associés dans quelque restaurant, et les accompagnait soit au Louvre, soit au Luxembourg, les deux seuls endroits de la ville où l'âme prend un bain d'eau de Jouvence.

Le soir, au retour de ces promenades fortifiantes, instructives, consolantes, si quelque spectacle — ce diable de Guillaume avait toujours des billets dans ses poches! — n'arrachait pas le tranquille et gai trio à la maison, au feu, à la lampe douce, au livre ami, on restait à faire la marmotte auprès du grand poêle, en relisant pour la dixième fois l'adorable roman de Dickens, *David Copperfield*.

On parlait souvent du passé. Guillaume le Vermeil, qui n'avait jamais connu les douceurs extrêmes de la vie de famille, soupirait souvent, en regardant de côté la gracieuse Cécile; mais souvent aussi il lançait d'excentriques jurons à l'adresse de l'oncle Guesdon et de la dame Havril.

Quelques bohèmes, de ces bohèmes qui savent reprendre le ton de la bonne compagnie quand ils sont en présence d'une honnête fille, étaient admis aux soirées intimes du peintre et du sculpteur.

Le reste des amis de brasserie, bons et amusants garçons cependant, mais d'une tenue infiniment trop régence, en était exclu rigoureusement.

Dès qu'ils furent à même de dépenser quelques gros francs sans se gêner, on vit paraître dans l'atelier un orgue-harmonium d'un timbre charmant, que touchait — par exemple, il n'avait jamais su comment — le robuste Guillaume le Vermeil.

Cécile, stylée par le sculpteur aux cheveux étranges, aimait à marier sa voix simple et pure aux accents suggestifs de l'orgue.

On ne jouait que ces mélodies allemandes ou italiennes dont l'ampleur semble soulever le corps et l'enlever dans les mondes inconnus, au delà du temps et du lieu.

Parfois, soudain, la touche restait immobile

sous le doigt de Guillaume, la voix de Cécile s'éteignait, et dans une demi-obscurité, rêveurs, oppressés, les trois jeunes gens s'abandonnaient à leurs pensées, et un silence pesant les enveloppait.

Cécile, la première, reprenait ses sens, et, d'une voix enjouée, proposait, pour bien finir la soirée, de lire une des admirables pièces de la *Légende des siècles*.

Bien entendu, les deux amis, comme réveillés en sursaut, mais d'une agréable manière, ne demandaient pas mieux.

Booz, le Petit Roi de Galice, Éviradnus, les Pauvres Gens, relus sans cesse, terminaient invariablement le soir de ces beaux jours; après quoi le sculpteur et le peintre reconduisaient à travers les rues vides et tristes leur sœur Cécile.

S'il est de réconfortants sommeils, ce sont bien ceux qui étreignent mollement le corps satisfait et l'âme contentée.

Tout porte à croire que Guillaume et Tremblevif n'en connaissaient pas d'autre, le dimanche, dans la nuit.

Cependant l'hiver, lambin qui oublie toujours quelque neige ou quelque grésil en arrière, s'en alla lentement, emportant la Saint-Sylvestre, les Rois et le carnaval.

Mai, le gai mois, le mois qui rit entre ses pluies, se manifesta au Luxembourg et aux Tuileries, et de mutines petites feuilles vertes se balancèrent au bout des branches noires.

Un matin, tandis que Tremblevif mettait des *vigueurs* dans un fort beau dessin sur bois, et que Guillaume le Vermeil, un linge mouillé en main, chantait à pleins poumons, devant sa *selle* :

> Au cher mois de mai,
> Le mois parfumé,
> Le bouton fermé,
> Comme un rire éclate !
> Et s'ouvre dans l'air,
> Corolle de chair,
> En ce mois si cher,
> La lèvre écarlate !

on frappa à la porte de l'atelier.

— Entrez ! cria Tremblevif ; puis, quittant sa table, il alla ouvrir.

— Monsieur Guesdon ? dit un étranger fort bien vêtu, d'une taille au-dessous de la moyenne, et gros comme un tonneau.

— C'est moi, monsieur. Veuillez entrer et vous donner la peine de vous asseoir.

L'étranger s'assit, déclara se nommer Van Benghel, et informa Tremblevif que, surpris des qualités d'abnégation, trahissant le respect du maître, qu'il avait remarquées dans les copies exécutées par lui, il venait le prier de vouloir bien lui donner une copie de la *Buveuse*, de Gabriel Metsu, au Louvre.

Le prix qu'il offrit dépassant de beaucoup les prétentions ordinaires de Tremblevif, celui-ci accepta immédiatement le marché et les conditions de livrer dans un court délai le tableau.

Après avoir donné un coup d'œil au dessin du jeune homme, — Tremblevif avait alors vingt ans, — l'étranger lui remit sa carte et sortit, reconduit par les deux amis.

— Quinze cents francs ! s'écria Guillaume, c'est beau, c'est noble, c'est grand. Ce monsieur tombe du ciel. Je te félicite, cher maître ! Que nous voilà loin du temps où nous étions pauvres à faire pleurer Job.

— Ah ! oui, répliqua joyeusement Tremblevif, le temps où nous étions si fiers d'avoir de quoi prendre une demi-tasse au café, que nous avions la folie de nous écrire des lettres à l'adresse de ce café, en mettant sur l'enveloppe :

MESSIEURS TREMBLEVIF ET GUILLAUME
Consommateurs!

— Travaillons, pourtant, ajouta Guillaume.
— C'est vrai, reprit Tremblevif. Je vais colorer mon bois ; puis, en allant acheter mon panneau — il a demandé un panneau, n'est-ce pas? — je passerai chez Cécile, lui apprendre « ma fortune nouvelle. »

V

AU LOUVRE

L'immense galerie du Louvre où les quarante et un tableaux de Rubens, le roi de la couleur somptueuse, harmonieusement éclatante, étalent noblement, aux regards stupéfaits, leurs splendeurs immortelles ; le Louvre, paradis accessible à toutes les âmes en peine ; le Louvre enfin, cet atelier plein d'excitations et d'enseignements, devint encore une fois la demeure quotidienne de Tremblevif.

La *Buveuse*, de Gabriel Metsu, située tout au fond de cette salle, sans rivale pour les trésors qu'elle renferme, à hauteur de la rampe, ne vit jamais auprès d'elle un travailleur aussi acharné que le frère de Cécile.

Dès neuf heures du matin il était à son chevalet, s'inquiétant peu des visiteurs bruyants qui sillonnent d'un pied inquiet le parquet luisant et traître.

A quatre heures moins un quart, il se décidait à grand'peine à faire ses préparatifs de départ.

Guillaume le Vermeil venait parfois examiner les progrès que la *copie* faisait de jour en jour.

La *Buveuse*, petite femme rousse, en béguin blanc, à large guimpe, qui tient un verre à pied d'une main et s'appuie négligemment du coude sur le tapis rouge, à ramages, d'une table ronde où s'étale une pipe de Hollande, *venait* admirablement sur le panneau.

Le fond charmant n'était pas encore au ton, mais l'ensemble s'annonçait parfaitement.

Quinze jours après son installation au Louvre,

de l'autre côté de la galerie, et presque en face de Tremblevif, un gardien apporta un matin un mignon chevalet à manivelle.

C'était le 22 mai.

Tremblevif n'aurait apporté qu'une médiocre attention à ce fait très-ordinaire, s'il n'avait pas vu derrière le gardien une ravissante jeune fille suivie d'une dame, sa mère, peut-être.

Lorsque les tabourets furent mis en place, Tremblevif constata que le *Coup de vent* si célèbre, de Jacques Ruysdaël, allait compter une copiste de plus dans le monde, et un nouvel exemplaire dans une galerie quelconque.

La mère, ou du moins la dame à cheveux gris qui semblait chargée de cette fonction, s'assit tranquillement sur une chaise, tira son mouchoir et ses lunettes de sa poche, mit l'un sur ses genoux, à côté d'un gros livre qui s'y trouvait déjà, et les autres sur son nez d'un aquilin farouche, puis commença de lire distraitement, en jetant des coups d'œil çà et là, tandis que sa fille ouvrait sa boîte à peindre, et préparait son crayon blanc.

Tremblevif, myope, excellente infirmité pour un artiste, remarqua néanmoins qu'il n'avait jamais vu son *vis-à-vis* dans les salles d'études, où toutes ces dames sont connues comme le *loup blanc*.

Après l'avoir examiné pendant quelques secondes, il retourna à sa palette et fit cadeau à sa copie de plusieurs touches sérieuses.

En ce moment un monsieur, un amateur probablement, fort joli garçon, habillé avec goût, brun comme la nuit, assez grand, se planta derrière Tremblevif, en s'appuyant sur la barre d'appui.

Tremblevif tourna la tête ; mais voyant qu'il n'avait pas affaire à l'un de ces insupportables Anglais qui se penchent sur l'épaule des peintres, ouvrent leur *Guide* rouge et s'exclament devant les toiles en poussant des hourrahs singuliers, il donna de nouveaux coups de brosse à sa *Buveuse*.

L'inconnu resta un bon quart d'heure en station, battant de sa bottine contre le parquet, ce qui du reste était agaçant, et partit brusquement.

La jeune fille, qui s'escrimait au crayon sur sa toile vierge, regarda alors Tremblevif pour la première fois et le regarda assez longuement.

Et le peintre put ainsi examiner tout à son aise les traits de sa voisine.

C'était une tête mignonne, enfantine, naïve par le regard innocent et pur de ses admirables grands yeux bruns, au blanc d'un bleuâtre humide, bordés de cils épais, longs, noirs, et cependant, malgré le nez petit, un nez de fillette, qui descendait du front bas charmant, en se retroussant un peu. Cette tête n'était point fade, monotone : on y voyait transparaître une âme fière ; il y avait de l'énergie dans les éclairs veloutés qui partaient d'entre les cils, au-dessous de sourcils fins, d'une courbe délicate et parfaite.

Elle était brune avec le teint très-blanc. Ses cheveux coupés court, en garçon, et plantés avec grâce sur les tempes, tombaient, séparés par une raie de côté, en encadrant d'une boucle noire l'oreille petite, rose, délicieusement dessinée : un coquillage encore lavé par le flot.

La bouche, un peu boudeuse, faisait la moue ravissante des créoles ; elle appelait le baiser, tandis que le haut de la figure commandait le respect.

Tremblevif admira toutes ces perfections, discrètement, malgré sa myopie, et, dessinant dans sa tête le corps qu'une robe havane, montante, d'une coupe simple, garnie en bleu céleste, voilait chastement; il en conclut que sa belle voisine était une petite merveille, une fleur exotique, fée radieuse dont quelque salon imposant du noble faubourg était le nid.

Un pied et une main microscopiques, élégants, bien attachés, complétaient l'ensemble.

La mère, il faut le dire, n'avait rien dans sa personne qui rappelât de loin ou de près les charmes de la jolie créature qu'elle surveillait.

Tremblevif, qui savait que le pêcher, dont la fleur est charmante et le fruit délicieux, n'est généralement pas le plus beau des arbres, ne se creusa pas la tête à chercher par quel caprice bizarre la nature avait tiré cette enfant de cette mère, comme l'artiste tire un chef-d'œuvre d'ivoire de la défense d'un éléphant, et, sans trop se rendre compte aussi de l'attendrissement ultrà-artistique que lui faisait éprouver la vue de cette jeune fille séduisante, il *piocha* de nouveau avec une ardeur mêlée de rêverie et d'œillades aux environs du Ruysdaël.

Et quand Guillaume le Vermeil, quelque peu ponctué de plâtre sur sa vareuse de velours, vint lui dire, à trois heures, qu'un dîner d'amis les attendait, le sculpteur s'étonna légèrement du peu de travail produit dans la journée.

Tremblevif allégua de la fatigue et du mal de tête.

VI

Le lendemain, le peintre était au Louvre, attendant, — oui, il attendait, déjà ! — l'arrivée de l'inconnue aux yeux noirs.

A quoi bon raconter l'histoire d'un amour naissant, amour inévitable, prévu dès l'arrivée de la jeune fille dont nous avons esquissé d'une façon sommaire les charmes suaves.

Comme l'a dit Henri Heine, le bizarre et touchant poëte : « C'est une très-vieille histoire ; on « la voit tous les jours, et ce n'est que pour celui « seul auquel elle arrive, qu'elle est nouvelle et « étrange. »

Tremblevif, pauvre pendant longtemps, et précisément aux heures de feu de la prime jeunesse, n'avait pu satisfaire son cœur que comme il avait contenté son estomac.

Amours et repas, tout avait été pour lui de médiocre qualité.

Les faims de son âme, les besoins de son corps ne trouvaient à s'assouvir que dans ces occasions vulgaires, banales, qui contentent sur le moment et dont on sent toute l'inanité deux heures après.

Maintenant que son appétit, grâce à sa nouvelle position, se trouvait chaque jour rassasié, les désirs, ardents, illimités de son cœur affamé, criaient et demandaient une nourriture divine, indispensable.

Quand il s'assit à son chevalet, tout désappointé de ne pas trouver à sa gauche la compagne de travail qu'il s'attendait à voir, il se sentit plein d'une inquiétude singulière, dont il s'efforça de repousser la redoutable atteinte.

Certainement il n'aimait pas la jeune copiste de Ruysdaël. Le pressentiment de l'amour n'était même pas en lui, ou du moins, ignorant qu'il était, il ne définissait pas encore le trouble léger qui rendait sa main plus fébrile et sa *touche* plus hasardée ; mais comme Colomb à bord de son navire, entouré de ses matelots découragés et menaçants, il écoutait les voix de son âme, sans se laisser émouvoir fortement par elles, en se demandant : Où vais-je, décidément ?

Ni la jeune fille, ni, bien entendu, sa mère ne se montrèrent dans la galerie ce jour-là.

Le chevalet mignon et les tabourets, apprêtés cependant par le gardien, restèrent retournés du côté du mur.

Tremblevif, obsédé par il ne savait quel sentiment de découragement et d'espoir trompé, quitta le dernier le Louvre.

Son air absorbé, alternant avec des mouvements de gaieté nerveuse, n'échappa point à Guillaume le Vermeil, qui l'interrogea doucement.

Tremblevif éluda les questions, parla de *tons* impossibles à trouver, de *finesses* désespérantes ; bref, rejeta sur son tableau les préoccupations de son cerveau.

La nuit se passa, n'apportant aucun conseil au pauvre garçon, qui se leva effrayé et charmé de sentir converger vers une seule pensée toutes les forces actives de son être.

On pense bien qu'il ne fut pas longtemps à se mettre en route pour le Louvre.

Maudissant sa myopie, et mettant tout ce qu'il pouvait avoir d'yeux au service de son cœur, ce ne fut qu'après avoir dépassé les bustes de Rubens et de Van Dyck, qu'il aperçut la jeune fille, assise à son ouvrage, et, cette fois, seule.

Quand elle entendit arriver Tremblevif, elle tourna précipitamment la tête, avec un mouvement de chevreuil effrayé, et revint tout de suite à sa toile avec ardeur.

Au battement insensé de son cœur, au soulagement inespéré que la vue de la charmante enfant lui apporta, à la joie intérieure, joie très-grande et très-calme, qui inonda en un instant son être agité, soudainement rasséréné, Tremblevif reconnut avec une terreur qui le ravit qu'un monde nouveau lui était ouvert ; et comme ni sa sœur, ni Guillaume, ni ses succès d'artiste, ne lui avaient jamais fait éprouver la millième partie de l'ivresse poignante et douce qui le remplissait, il se dit avec un certain orgueil : J'aime !

Il lui semblait qu'il venait de découvrir une nouvelle aptitude à son cœur ; qu'un secret longtemps cherché venait de lui être révélé ; en un mot, il sentit qu'un nouvel homme existait en lui, ou du moins que l'ancien venait d'être subitement complété.

Et ainsi que le voyageur, au début d'une excursion lointaine, bien longtemps rêvée, et crue impossible, il était plein d'un contentement sans bornes, mêlé d'un vague regret pour le passé et les habitudes qu'il allait laisser derrière lui.

De même que le malade, inquiet avant l'arrivée du médecin, éprouve en entendant dire le nom de sa maladie un bien-être relatif, Tremblevif, presque rassuré, quand ses faibles connaissances psychologiques lui eurent appris, à n'en pas douter, que l'amour impérieux venait de le frapper, se mit au travail avec un courage sans égal, et une bonne humeur intime qui fit faire un bon pas à la *copie*.

O vous que la baguette d'or du magicien adorable et cruel a touchés, vous le savez combien le travail est facile et les heures rapides, pendant les premiers jours de la métamorphose divine !

O vous que ce roi impitoyable et charmant, l'Amour, a choisis pour sujets, vous les connaissez ces frissonnements célestes, ces affres de la vie, qui donnent le goût de la mort voluptueuse dont parle Léopardi d'une façon si âpre ! Tremblevif sut bientôt l'alphabet immuablement tracé par la main du Créateur, et le poëme éternel de la passion, lu et relu sans cesse, n'eut plus un seul chant inédit pour lui.

Il connut, ignoré, perdu au milieu de la foule qui se répand dans les salles du Louvre, ces besoins de dévouements, ces envies d'aller se prosterner, ces incitations à l'adoration, qui naissent dans le cœur, en pensant à la très-aimée, à la souveraine !

Quinze jours, à tire d'aile, et pour ne revenir jamais, hélas ! s'envolèrent de la vie de Tremblevif.

Quinze jours inoubliables, innocents, s'écoulèrent. Le peintre marchait en plein bonheur.

La période d'abnégation, de sacrifices imaginaires fut remplacée bientôt par la période où l'impersonnalité cesse, où l'égoïsme, inhérent à la nature humaine, lève sa petite tête de serpent et dit : « Je veux être aimé ! » Tremblevif, que des regards, de simples regards, dont il ne s'expliquait pas assez clairement la portée, avaient transporté au septième ciel, voulut s'entendre dire ce qu'ils signifiaient. Depuis les quinze jours qu'il vivait en plein rêve, il n'avait que vaguement pensé à cette indicible félicité de l'amour partagé.

Aimer lui avait suffi.

Dans ses rêveries les plus audacieuses, il n'était point allé jusqu'à se figurer que l'enfant bien chérie, que — *Elle* daignerait descendre, rougissante, un sourire doux sur les lèvres, à son humble niveau.

Non. Étreint par les fortes émotions de l'éclosion de l'amour, il n'était point encore arrivé à ce doute qui tue : M'aimera-t-elle ?

Mais cette incertitude terrifiante lui serra le cœur, un jour qu'il revit au Louvre, par l'effet du hasard évidemment, l'inconnu, brun et élégamment vêtu. Celui-ci s'était arrêté de nouveau près de lui, et regardait fixement l'objet des préoccupations et des béatitudes nouvelles de Tremblevif.

— M'aimera-t-elle ? et cette question, le peintre se la répéta mentalement jusqu'au moment où ses yeux se remplirent de larmes irrésistibles.

Le soir de ce jour-là, Guillaume le Vermeil, en riant, lui demanda s'il avait retrouvé les procédés de Van Eyck et d'Antonello de Messine, et le plaisanta sur sa mine farouche.

Comme Tremblevif restait muet et criblait de coups de crayon sa planchette à dessiner, Guillaume lui cria :

— Hé ! l'amoureux ?

Tremblevif, de l'air le plus étonné du monde, lui répondit que cette épouvantable idée lui était déjà venue, mais qu'ayant fait — toc, toc, — à la porte de son cœur, personne n'avait répondu.

Pour dissiper d'une façon plus complète les légers soupçons de son ami, il lui raconta que le silence de l'oncle Guesdon, à qui on ne manquait jamais d'écrire à l'occasion de sa fête, lui faisait plus de peine qu'il n'en voulait montrer, et, en outre, que l'avenir de sa sœur l'inquiétait.

— Elle a un bon état. Tant qu'elle aura des doigts, je suis sûr qu'elle ne manquera de rien ; mais je lui voudrais un mari, ajouta Tremblevif. La pauvre fille, trésor ignoré, passera peut-être sa vie dans la solitude. Cette solitude, nous la remplissons maintenant, toi et moi, mais si je venais à mourir...

— Que parles-tu de mourir, jeune idiot ! s'écria Guillaume. Ma parole ! il n'y a qu'un amoureux pour deviser ainsi sur les tombes futures. Qu'as-tu donc ce soir ?

— J'ai le cœur triste.

— Bon, tu fais bien de le dire. Je vais prendre mon mouchoir. Tu disais donc, Hamlet?

— Je disais que ma sœur..., continua Tremblevif, qui ne savait réellement plus ce qu'il disait, si je m'en vais...

— Si tu t'en vas?... Eh bien, voilà ce qui se passera, mon cher, et sans ta permission que, un jour ou l'autre, j'allais te demander. Après ton inhumation, j'irai me jeter aux genoux de mademoiselle Cécile, je lui dirai que je gagne tant par an, que je l'aime, ce qui ne me rend pas triste du tout, mais du tout; et que si, grâce à une vieille amitié, elle veut m'accorder le bras jusqu'à une prochaine mairie où elle me fera l'honneur de me donner sa main, je me regarderai comme l'égal des douze grands dieux de l'Olympe. Voilà ce que je ferai, sac à raisin! si tu meurs, et ce que je te supplie de me permettre d'essayer, si tu vis encore pendant trois jours.

Il va sans dire que ce projet avait été caressé avec plaisir par Tremblevif.

La volubilité joyeuse avec laquelle Guillaume fit son aveu, en lui serrant la main en homme de cœur, chassa momentanément les idées lugubres du peintre, qui, suffoqué par des émotions trop nombreuses, se mit à pleurer comme un enfant.

Mademoiselle Cécile fit justement son apparition au milieu de ce beau désespoir, et, voyant les deux amis en larmes (Guillaume s'étant mis malgré lui de la partie), elle devina ce qu'elle savait, car une femme n'apprend jamais ces choses-là, et, trouvant Guillaume prosterné devant elle, elle lui tendit ses doigts fins en sanglotant à son tour.

Pour la première fois de son existence, Guillaume pensa perdre le droit à son surnom, et la pâleur la plus vive s'étendit sur sa face vermeille ordinairement.

A quoi pensait Tremblevif en réunissant dans sa main la main de sa sœur et celle de Guillaume; qui le dira? Ne vit-il pas une figure mignonne aux cheveux courts, aux grands yeux veloutés? Qui le sait!

Mais en se regardant avec une joie sincère, Guillaume et Cécile se désignèrent d'un geste muet Tremblevif, qui songeait, et ils s'interrogèrent de l'œil.

VII

LA GLACIÈRE

— Aujourd'hui, elle saura que je l'aime !
Ainsi se dit résolûment Tremblevif, en se rendant au Louvre, le 7 juin, sous le soleil le plus ravissant, le plus vivifiant, par les rues gaies et pleines de figures jeunes du quartier des Martyrs.

Et, léger, humant l'air encore pur du matin, il marchait d'un pied qu'on ne sent pas se poser sur le sol, souriant à tout le monde, caressant les têtes brunes ou blondes des enfants, donnant des sous à des gens supposés mendiants qui les refusaient tout étonnés, et brûlant un cigare d'un air si dégagé qu'il faisait rire les modistes assises à leurs établis.

Au Palais-Royal, il entra dans le premier café venu, déjeuna en trois minutes et se fit apporter tout ce qu'il faut pour écrire, même à une femme !

Et au milieu du tapage et de la poussière que faisaient les garçons, la serviette roulée autour du cou, en balayant, il écrivit cette lettre si bêtement touchante qui n'a qu'un seul lecteur et qui fait pouffer de rire celles qui n'en pleurent pas à douces larmes.

Dans cette épître passionnée, et comme *postscriptum* suppliant, Tremblevif demandait à la jeune inconnue dix minutes d'entretien à la sortie du Louvre, devant Saint-Germain l'Auxerrois.

Cet immense ouvrage terminé, le peintre enthousiasmé, et désormais heureux pour la vie, du moins il voyait ainsi dans ses rêves tous ses espoirs réalisés, — innocente et consolante fatuité! — alla acheter un bouquet de lilas blanc chez madame Prévost, qui le lui fit payer comme à un amoureux; puis, au pas de course, il arriva au Louvre.

Il n'y avait pas cinq minutes que les portes étaient ouvertes, et personne encore, à part Tremblevif, n'était à son chevalet. D'ailleurs, il faisait si beau!

Le peintre, ivre de joie, sa lettre sur le cœur, son bouquet à la main, après avoir salué d'un regard chargé de tout son amour les instruments de travail de sa bien-aimée et sa place accoutumée, se consulta un instant.

Où mettre sa lettre? Puis, il réfléchit subitement que son bouquet était d'un compromettant achevé, et tout penaud, contrarié, il le cacha sous son pardessus, qu'il déposa sur la barre d'appui.

Mais où mettre la lettre? La difficulté était insurmontable. Pour le coup, Tremblevif se vit précipité alors de son édifice témérairement élevé et désespéra de son projet qui lui avait paru si excellent.

Depuis longtemps la jeune fille venait seule au Louvre. Parfois une bonne l'accompagnait. Cette bonne, cet Argus inévitable, viendrait-elle ce jour-là?

Enfin, Tremblevif se décida à laisser les choses se préparer d'elles-mêmes, et à profiter d'une occasion. L'amour est ingénieux, pensait-il.

La jeune fille ne se montra pas de toute la journée. Ruysdaël resta seul. Et la *Buveuse* de Metsu se vit délaissée.

Dire les cent mille idées que cette absence fit éclore dans la tête de Tremblevif est chose impossible.

Ce fut un tourbillonnement fou de pensées contraires, désolantes ou joyeuses, qui remplit la cervelle surexcitée du pauvre garçon.

— Elle sait mon amour; elle a peur d'elle-même; elle me fuit; mes regards l'ont effrayée, se disait-il. Mais non, je lui déplais, elle me hait. Je ne la verrai plus. Qui sait? ô mon Dieu! elle est malade! elle est morte!... morte?... Ce n'est pas possible... Oh! ma tête est en feu!...

Le malheureux jeune homme était réellement indisposé, le lendemain, en revenant au Louvre.

Pas plus que la veille, l'inconnue ne vint occuper sa place habituelle.

Par un retour assez commun, le dépit remplaça l'amour dans le cœur désolé de Tremblevif.

Et la *Buveuse* fut presque achevée, grâce au travail fiévreux et violent du peintre aux abois.

L'absence de la jeune fille se continua pendant huit longs jours.

Tremblevif, hagard, fou à moitié, vivait en machine; il mangeait, se levait, se couchait sans avoir l'air de prendre part à ces différents actes.

Ses yeux atones, cernés, sa pâleur, des plis subits sur la face, dénotaient une désorganisation intérieure qui faisait peur.

Guillaume et Cécile, troublés profondément dans leur joie calme, s'efforcèrent d'arracher à leur frère le secret qui le tuait.

Il fut impénétrable.

Comme il paraissait souffrir davantage quand on avait l'air de s'occuper de lui, on le laissa tranquille.

Le matin du huitième jour de cette mort lente, il promit de révéler le soir même la cause de son chagrin et de son dépérissement, et, après avoir embrassé plus tendrement que de coutume sa sœur, et serré les mains larges de Guillaume, il partit pour donner le dernier coup de *fion* à sa copie.

— J'irai te prendre au Musée, dit Guillaume.
— Soit ; tu feras bien.

Il partit.

Jusqu'à trois heures, il attendit la venue improbable de celle qui le crucifiait ; puis, à trois heures et quelques minutes, après avoir soigneusement rangé ses affaires, sombre et résigné, il se dirigea, son chapeau à la main, vers le brigadier

13.

des gardiens qui passait, selon son habitude, en faisant chatoyer ses boutons d'or et son gilet rouge.

— La demoiselle qui copie le Ruysdaël, n° 472, ne vient-elle plus au Louvre? dit avec froideur Tremblevif.

— Mademoiselle Anna?

— Précisément.

— Non. Elle a redemandé ses affaires hier. A l'heure qu'il est, elle doit être appelée madame. J'ai assisté à sa messe de mariage ce matin.

— Ah! murmura Tremblevif... mariée?

— Vous avez quelque chose à elle appartenant?

— Deux brosses.

— Vous me les donnerez. Je les lui ferai tenir.

Tremblevif salua le gardien, et, comme s'il ne savait où aller, il eut l'air pendant un moment de se consulter sérieusement sur le chemin à prendre.

Puis il enfila rapidement la galerie, le salon carré, la galerie d'Apollon, et, par le petit escalier de service qu'il descendit, machinalement, par habitude, il se trouva bientôt dans la cour du Louvre, sur le bitume, entre les plates-bandes fleuries encadrées d'une large bordure de lierre.

VIII

Quand il se vit seul avec le sentiment affreux de l'anéantissement de ses pauvres joies rêvées ; quand il constata, avec une précision cruelle, que le gardien ne s'était pas moqué de lui, que tout ce qu'il avait dit était l'exacte vérité, qu'aucun effort humain ne pouvait retarder d'une seconde l'horrible dénoûment de son amour, il sentit un frisson glacé errer autour de son cœur, dont le battement s'accéléra jusqu'à le rompre; d'amères étreintes, comme d'invisibles mains, tordirent sa gorge, et deux larmes brûlantes, refoulées avec violence pendant un instant terrible, inénarrable, jaillirent brusquement de ses paupières impuissantes et tombèrent brillantes sur son gilet.

Mais reprenant une espèce de sang-froid, contractant ses yeux voilés par de nouveaux pleurs, avec la ferme volonté de n'en plus verser devant les passants, qui le regardaient déjà d'un air étonné, et opérant avec une force inouïe ce mouvement de déglutition qui débarrasse le gosier de tout ce qui l'étouffe, il sortit d'un pas rapide par la place du Carrousel. Puis, l'impulsion première épuisée en quelque sorte, il se prit à marcher plus lentement, voyant tout et ne se rendant compte de rien.

Il entra dans les jardins de la place, s'assit sur un banc, se leva, ennuyé par les cris des petits enfants qui se chamaillaient pour une pelle enlevée ou du sable dérobé, et suivit le flot de badauds, de gens affairés, bourgeois et prolétaires, qui s'en allaient du côté de la Seine.

Son âme, absorbée par une unique et désolante pensée, la pensée de la chute irrémédiable de ses espérances, laissait une entière liberté à ses sens.

Et les fonctions de ceux-ci s'exécutaient avec une lucidité parfaite et comme pour leur propre satisfaction.

Les yeux voyaient merveilleusement bien, l'oreille percevait les bruits les plus légers, l'odorat était frappé par les odeurs les plus complexes et savait les isoler parfaitement et les définir, le toucher s'exerçait d'une étonnante façon, seulement l'âme n'avait conscience de rien de tout cela : elle vivait au delà, en dehors, loin du corps.

Tremblevif remonta le quai le long du Louvre, prit le pont des Arts, toujours de ce pas monotone, incessant, qui ne se fatigue pas, indifférent aux chocs, à la boue, passif; un pas de troupeau de moutons.

En passant sur le pont, il regarda la Seine; mais la conséquence logique du paroxysme dans le désespoir ne se montra pas pleinement à ses yeux intérieurs.

L'idée de se soustraire à la douleur par un suicide ne lui vint pas. Si la volupté excessive, prolongée, devient une douleur, la douleur infinie produit une sorte d'engourdissement voluptueux auquel on se laisse aller, non point lâchement, mais par horreur, dans le premier moment, d'une résolution quelconque, bonne ou mauvaise, qui ne ferait qu'apporter un changement, et non un soulagement, dans l'état présent.

Le soleil brillait encore derrière les Tuileries; dans une poudre d'or charmante les hauteurs de Chaillot, le toit du palais de l'Industrie, l'Arc de triomphe, se dessinaient entre des masses d'arbres.

De gros nuages noirs faisaient ressortir la teinte splendide du ciel au couchant.

Le temps était extrêmement doux.

La Seine brillait, en aval, couverte de barques, de chalands, de bateaux de bains qu'on construisait. On entendait les coups de marteau des ouvriers.

De l'autre côté, en amont, la Cité, aux toits et aux façades illuminés, s'avançait sur le fleuve, comme un noble vaisseau.

A l'avant, les arbres du terre-plein du pont Neuf frémissaient au vent léger, verts et gais.

Comme un mât magnifique, la flèche de la Sainte-Chapelle fendait l'azur ravissant, piquée de points étincelants.

Tremblevif regarda les pêcheurs assis sur les murs du *barrage*; leur ligne brillait au soleil. On lavait les chiens, un peu plus loin.

Il passa, côtoyant les quais, en remontant vers la rue Dauphine. Il vit les livres exposés sur le parapet. La boîte des volumes dépareillés à dix centimes attira ses regards. Il examina aussi les minéraux poussiéreux et les médailles effacées, dans des boîtes rouges, à côté des livres.

Que lui faisaient ces livres, ces coraux, ces médailles? Pourquoi regardait-il plutôt là que là? Il n'en savait rien. Il regardait en marchant, voilà tout.

Il passa, coudoyant les cochers des fiacres rangés en longue ligne, et qui riaient et fumaient.

A la rue Dauphine, il s'arrêta pour laisser passer l'omnibus de Montparnasse, puis il oublia pourquoi il s'était arrêté, et, sur le bord du trottoir, pendant longtemps, il resta calme, sombre. Enfin il se décida à reprendre sa course sans but.

La rue Dauphine, qu'il suivit, était pleine d'un monde gracieux et réconfortant de jeunes femmes, de jeunes gens, de boutiques attrayantes, aux étalages frais, engageants. Tremblevif passa, s'arrêtant à tout et se demandant le motif de ses stations subites.

Il atteignit l'Odéon.

Ah! qu'il tourna longtemps sous les galeries sombres. Il feuilleta, par-ci, par-là, les volumes non coupés, sans y rien comprendre. Il regarda les caricatures des journaux illustrés, avec grand soin, comme si quelque secret était renfermé dans les petits traits de crayon de chaque gravure. Il passait, allait, venait, retournait sur ses pas, sans besoin. Il lut l'affiche du théâtre. On donnait *le Malade imaginaire*. Il se demanda s'il n'irait pas louer une stalle d'orchestre.

Après un bon dîner, pensait-il, et un bon cigare, aller s'asseoir là, quelle volupté! et rire, rire beaucoup.

La tension de toutes ses facultés mentales, leur convergence vers un même point, vers une idée unique, avaient éteint sa douleur dans une sorte d'hypnotisme.

Il était dans l'état qui suit la crise : la béatitude des nouvelles accouchées, le sommeil lourd qui empoigne les amputés, les opérés, dont les souffrances précédentes ont été terribles et sans arrêt, en sont des exemples dans l'ordre physique.

Pour Tremblevif, c'était dans l'ordre moral que, chez lui, la douleur se trouvait à l'état latent.

Il n'éprouvait plus rien qu'un hébétement intraduisible, et comme le corps se trouvait dans les meilleures conditions de vie, ses besoins matériels, non comprimés par la volonté noyée dans l'affaissement, dans l'assoupissement cérébral, se décelaient d'une façon bizarre.

Il crut avoir une faim extrême, et, quittant les galeries de l'Odéon, il se rendit, ou plutôt son corps se rendit, comme le cheval à qui le maître rêveur laisse les rênes sur le cou, dans un petit restaurant à prix fixe, situé dans une rue voisine.

Il demanda, au hasard, le dernier plat par lequel le garçon, bredouillant, termina sa nomenclature de mets, et l'avala gloutonnement ; puis, rassasié tout d'un coup, il paya son dîner complet, sans écouter les représentations du garçon, qui tenta vainement de lui expliquer qu'il avait droit à autre chose encore.

Quand il sortit, il fut très-étonné de voir le ciel assombri subitement. Un orage imminent, poussé par le vent, qui faisait çà et là battre les branches des arbres et les persiennes des maisons, étendait son manteau noir sur les flammes du couchant.

Il reprit sa marche incertaine, au but indéterminé, infatigable et résigné.

Autour du Panthéon, flagellées par le vent chargé de poussière piquante, les hirondelles, qui rasaient le sol de leurs ailes azurées, virent Tremblevif marcher, marcher sans cesse, la tête basse.

Il allait, dépeigné par le souffle de l'orage, les bras ballants.

Il parcourut les rues solitaires, provinciales, où les chats courent en plein jour, qui sont derrière le Panthéon.

Les femmes y travaillent sur le pas des portes. Les enfants, que nulle voiture, à cette heure surtout, ne vient troubler, jouaient *aux soldats* ou *au cheval*, sur le milieu du pavé.

Tout le monde, mères, enfants, travailleurs dans leurs boutiques, regardaient passer l'infortuné Tremblevif, dont l'aspect était sinistre.

Il allait. La nuit vint. La pluie à son tour éclata. Il allait toujours, au hasard, sans s'occuper des grondements de la foudre, des éclairs qui faisaient se signer les bonnes femmes qu'il croisait, et de la pluie froide et lourde.

Il allait, s'arrêtant devant quelque nom étrange, remarqué plutôt qu'un autre, sur l'enseigne d'une boutique.

Il allait, les trottoirs reluisaient, les lampes

des magasins lançaient de longues traînées de feu sur le pavé.

Il allait. Les ruisseaux grossis roulaient des eaux noires, qu'illuminaient des becs de gaz, et une puanteur horrible s'exhalait du flot bourbeux.

Il suivit, d'un bout à l'autre, la rue Mouffetard, et, pour la première fois, se prenant à dire : « Oh ! que j'ai froid ! »

Parfois, collant ses yeux fixes aux carreaux de quelque cabaret, il enviait le sort des ouvriers, qui s'emplissaient de bouillon et de bœuf, une chopine à côté d'eux, près d'un morceau de pain gigantesque.

Il allait, il allait toujours. Les apprentis qui passaient en sifflant, un sac sur la tête et sur les épaules, pour se préserver de l'averse, lui flanquaient par les oreilles des mots grossiers et insultants qu'il ne comprenait pas.

Il allait, il allait toujours, transi de plus en plus, les pieds inondés d'eau. Il dépassa les Gobelins, la rue Croulebarbe, le boulevard extérieur, toujours muet, toujours résigné, ne répondant rien aux invitations ou aux injures des cochers qui passaient si près de lui, que les roues des voitures le frôlaient.

Quelle heure pouvait-il être, quand il se trouva sur la route de la Maison-Blanche? Les lumières se faisaient rares, les passants aussi.

Tremblevif erra dans toutes les rues qui coupent la route boueuse; il erra en véritable fou, cette fois, se disant néanmoins qu'il fallait rentrer, mais sans se déterminer à rebrousser chemin.

Le quartier de la Bièvre lui était vaguement connu.

Il se hasarda, ne sachant plus que faire, mouillé jusqu'aux os, claquant des dents, à prendre la première rue à sa droite; elle devait, dans son idée flottante, le conduire dans Paris, chez lui.

La première rue à droite se trouva être le *Chemin du Moulin*, pente roide, qui mène près de la Bièvre, dans une vallée misérable et désolée pendant le jour, effrayante la nuit.

La cloche d'une église lointaine sonna. Tremblevif écouta, et, comme toujours, en pareille circonstance, la cloche ne tinta qu'un seul coup.

Pas d'étoiles au ciel. La pluie tombait plus menue, mais d'une façon constante.

Tremblevif descendit le Chemin du Moulin, traversa un pont de pierre, et vit, entre des saules difformes, gibbeux, semblables à d'énormes faucheux aux longues pattes, la Bièvre, luisante comme de l'ébène polie, qui décrivait des circuits nombreux. Il se trouvait alors près du bassin de la *Glacière*.

Le temps qui s'écoula entre le moment où le désespéré peintre, gelé, harassé, somnolent, pénétra dans la vallée hideuse, et l'instant où, obéissant aux lassitudes de son corps et de son âme, il se laissa tomber sur la terre, au pied de hauts peupliers, ne peut s'évaluer. Lui-même ne put jamais le déterminer.

Mais il se réveilla à moitié perclus, quand l'aube triste, grise, sale, fit son apparition en rechignant dans le ciel brouillé et noirâtre.

Il se sentait mourir; il se leva comme un homme encore troublé par une orgie récente, et, péniblement, avec de sourdes douleurs dans tous les membres, il remonta l'escarpement qu'il avait descendu sans s'en apercevoir la veille, et se retrouva sur la route de la Maison-Blanche.

A sa démarche flageolante, deux agents de police le prirent pour un ivrogne et, le voyant tout boueux, l'air idiot, le prièrent de les suivre au poste.

Il accepta presque avec reconnaissance et déclara qu'on viendrait le réclamer avant dix heures.

Il donna son nom et son adresse et supplia le chef du poste de le faire conduire chez lui, aussitôt que cela serait possible.

Il ne savait plus ce qu'il disait. On ne le mit pas au violon. La fièvre qui le parcourait des pieds à la tête, visible pour tout le monde, le sauva de cet endroit humide, où il serait mort probablement, et, roulé dans une capote de soldat, il dormit presque paisiblement.

A dix heures et demie, Guillaume le Vermeil arriva en voiture, réclama son ami et l'emmena rue Pigalle.

Le sommeil du matin avait calmé la fièvre de Tremblevif. Il se sentait confusément mieux.

IX

LES SUITES D'UNE NOCE

En arrivant à l'atelier, Tremblevif et Guillaume trouvèrent mademoiselle Cécile. La douce créature ne savait rien. Guillaume avait été absent pendant la majeure partie de la journée de la veille. Il ne s'était aperçu de la disparition de Tremblevif que le matin, en se réveillant, quelques instants avant l'arrivée du messager, envoyé du poste de police.

En route, Tremblevif avait inventé je ne sais quelle partie de débauche ; il en fit l'aveu à Guillaume, en le priant de n'en rien dire à sa sœur.

Les deux jeunes gens, aux yeux de Cécile, eurent donc simplement l'air de revenir d'une course quelconque.

Mais l'air fatigué de Tremblevif alarma la chère enfant.

On lui en donna une explication plausible, et l'on se mit à déjeuner.

Tremblevif se montra d'une gaieté folle et déclara que sa conduite passée, dont on s'était tant préoccupé, était le résultat de nostalgies invincibles, au seul nom de la grande peinture, qu'il négligeait pour le commerce ; mais que tout cela était bien fini, et qu'il allait revenir à son état normal.

Cécile reprit le chemin de son atelier de couture et laissa les deux amis seuls.

Alors Tremblevif, au nom de sa fatigue réelle, demanda à se mettre au lit.

Guillaume, en riant, lui accorda cette permission et, s'installant près du lit de son compagnon de travail, lui raconta sa journée de la veille.

— Quand tu fus parti, Jean, dit le sculpteur, et comme je réfléchissais sur les bizarreries attristantes, on m'apporta une lettre de faire part.

— Décès? interrompit Tremblevif.

— Non! on me priait d'assister à une messe de mariage. Le fils d'un amateur de mes statuettes se décidait à comparaître devant le maire. Comme il ne faut pas négliger les relations en ce monde de *commandes*, je passai mes somptueux habits de gala, je mis ma cravate d'une entière blancheur, et, salariant un cocher de fiacre, je me fis conduire à Montmartre.

— Quelle corvée! murmura Tremblevif, qui rêvait à sa propre aventure.

— A la mairie, on me fit presque une ovation. Je fus entouré, complimenté. Le père du marié, un ancien fabricant d'appareils pour le gaz, eut la bonté de dire à haute voix que j'étais l'une des gloires de la sculpture moderne, et que les Pindare et les Zeuxis de l'antiquité étaient dépassés.

— Ce qui fait honneur à son éducation artistique, s'écria Tremblevif en riant de bon cœur.

— Parbleu! continua Guillaume. Je me confondis en remerciments, et la noce entière me pressa les mains. Le père de la mariée, à laquelle je fus présenté, daigna m'inviter au repas et au bal. J'aurais refusé, si l'on ne m'eût prévenu que ces fêtes conjugales devaient avoir lieu à la campagne, à Saint-Ouen. J'acceptai donc.

— Était-elle bien jolie, l'heureuse mariée? demanda le peintre avec une certaine amertume dans la voix.

— Ravissante! une tête d'enfant! une physionomie poupine, une beauté d'infante espagnole à l'âge de quinze ans. Mais elle était affreusement pâle. Parmi les invités on se disait même qu'on la mariait un peu contre son goût.

— Pauvre fille ! soupira Tremblevif qui n'écoutait que distraitement.

—Oui, pauvre fille ! reprit Guillaume le Vermeil, car, mon ami, tu ne t'attends guère à la fin de mon histoire.

— Dis-la donc vite. Je tombe de sommeil.

— On partit pour Saint-Ouen. Le repas se faisait au bord de la Seine, chez un restaurateur à salon de trois cents couverts, tu vois cela d'ici. Le soir, après le dîner, à la brune, avant le bal, on alla se promener dans l'île. Les uns se pendirent aux balançoires, les autres louèrent des barques.

— Tu tires à la ligne, mon ami. Plus vite, ou je te laisse à ton récit et m'endors.

— Mon ami, poursuivit Guillaume, la fin de la journée est si terrible, que j'hésite à la raconter. J'ai été bouleversé d'une si horrible façon, que...

— On s'est battu comme toujours, au moment de payer la carte, n'est-ce pas ?

— Non, Tremblevif, non. Mais quand on appela la mariée, qui s'était absentée un seul instant, elle ne répondit pas.

— Elle était tombée à l'eau, sacristi! s'écria Tremblevif en se dressant sur son séant.

— Qu'en sait-on! Après un moment de silence, le sculpteur continua : On la retrouva dans l'eau, en effet ; ce fut sa robe blanche, flottant à la surface de la Seine, qui la désigna aux regards des mariniers et des invités qui s'étaient jetés dans tous les bateaux disponibles.

— Oh! la malheureuse enfant! oh! mon Dieu! dit Tremblevif considérablement ému ; et ses nerfs exaspérés depuis quinze jours, vibrèrent dans tout son être.

— Oh! oui, malheureuse enfant! quelque désespoir d'amour, j'en suis maintenant certain. D'ailleurs, en cet affreux moment, tout le monde le disait.

— Pauvre petite, oh! pauvre petite! Et Tremblevif pleurait, en partie sur la jeune fille dont on lui racontait la mort, et en partie aussi sur son propre sort, si étrangement rapproché du sort de la morte de Saint-Ouen.

Guillaume, très-affecté et se repentant déjà

d'avoir causé une aussi violente émotion dans l'âme sensible de son camarade, restait muet.

— Et le père, et la mère, et le marié? demanda Tremblevif.

— Ah! ne parlons plus de cela, ami; cela te fatigue, et, puis, hélas! ce qui est fait est fait. Laissons de côté cette histoire épouvantable. Je tremble de la tête aux pieds en y pensant. Je veux garder un peu de courage pour demain; c'est demain qu'on mettra dans la terre cette innocente victime. Elle avait dix-huit ans, la pauvre Anna! La vie eût été si rose pour elle, avec sa fortune et un mari de son choix.

— Elle s'appelait Anna? demanda, avec un calme subit et extraordinaire, Tremblevif, tout pâle, et pétrissant son lit sous ses doigts maigres.

— Anna Delcour, ne te l'ai-je pas déjà dit? répondit Guillaume, absorbé, en regardant les arbres du jardin voisin à travers le grand vitrage de l'atelier.

— Et, continua Tremblevif, l'œil hagard, et sautant à bas de son lit pour courir à sa table, ne ressemble-t-elle pas à ceci? En disant cela, il fouillait fiévreusement dans un album qu'il em portait toujours au Louvre ; il en tira une petite aquarelle qu'il mit sous les yeux de Guillaume le Vermeil.

Guillaume, en une seconde, devina à peu près le secret de son ami. Il blêmit soudain ; mais d'une voix assurée, sans hésitation, il dit, après avoir contemplé le portrait ébauché d'Anna :

— Non ! la jeune fille que j'ai vue hier ne rappelait en rien ton dessin. Mais quel est donc ce portrait ?

Malgré le froid intense qui paralysait le cours du sang dans son cœur, Tremblevif respira bruyamment, il regarda fixement son ami, et d'une voix lente :

— Tu me jures que cette aquarelle ne représente nullement la morte d'hier ? dit-il.

— Je le jure !

— C'est bien, Guillaume. Je vais dormir rassuré, car je meurs de lassitude. Un sommeil épais m'envahit. A demain les sérieuses explications. Tu sauras qui est l'original du portrait.

Et comme s'il était sous l'empire de quelque puissant narcotique, en disant ces mots, les yeux du peintre se clorent tout à coup, et sous les couvertures que Guillaume atterré, mais se roidissant, ramena sur Tremblevif, on vit le corps de celui-ci tressaillir, en proie à une fièvre ardente.

X

Pendant un long, un interminable mois, Tremblevif resta entre la vie et la mort.

Autour de son lit de douleur, aigri encore par la chaleur accablante, deux infatigables gardiens, Cécile et Guillaume, s'empressèrent nuit et jour.

L'oncle Guesdon, prévenu, répondit que, couvert de rhumatismes, il ne pouvait se déranger, mais que sa bourse était à la disposition de son neveu.

Cette générosité soudaine étonna beaucoup Cécile et son fiancé ; mais un Rouennais, qui vint voir le malade de la part de l'oncle Guesdon, leur donna le fin mot de l'affaire.

Par les journaux illustrés dont la veuve Havril faisait sa lecture habituelle, l'ancien teinturier avait appris quel était le métier de Tremblevif, et, le supposant très-lucratif, il s'était empressé de déclarer dans son quartier que son neveu, devenu artiste accablé de travaux, portait dignement le nom de la famille.

Et comme il pensait bien ne plus avoir jamais besoin de l'aider maintenant, il se conduisait en excellent parent à son égard.

Parfois même il prétendait que l'apprentissage de teinturier, qu'il avait forcé son « coquin » de neveu à faire, à Rouen, lui avait donné les premières notions de l'art, et il se félicitait d'avoir eu cette bonne pensée. La teinturerie mène à tout, ajoutait-il.

Lentement, oh! bien lentement, Tremblevif revenait à l'existence.

On avait été obligé de lui raser la tête, et avec ses yeux creux et la longue barbe poussée subitement à ses joues et à son menton décharnés, il avait l'air de Lazare obéissant à l'appel de Jésus.

Une imprudence, innocemment commise, faillit le coucher de nouveau, et sans remède, cette fois, dans son lit.

Un jour, un ami, en l'absence de sa sœur et de son associé, lui apprit comme une nouvelle très-étrange, et dont on s'entretenait au Louvre, depuis son départ, le suicide de la jeune fille qui copiait le tableau de Ruysdaël.

Tremblevif poussa un cri avec lequel toute son âme sembla s'exhaler, et tomba roide sur le parquet.

Ce jour-là, il s'était levé pour la première fois et s'essayait à marcher au bras de cet ami malencontreux, dans l'atelier.

Le délire le reprit. Un instant le médecin, l'excellent docteur Piogey, l'ange gardien des artistes, ne répondit plus de lui.

Tremblevif, pendant trois nuits, se crut transformé en paysan, et, singulièrement mélangés dans sa tête, le *Coup de vent* de Ruysdaël et le site triste de la Glacière formèrent le pays étrange où transi, fuyant l'orage, il erra en divaguant.

Grâce au dévouement du médecin, grâce aux soins incessants, intelligemment donnés avec un à-propos et une douceur sans pareils, de Cécile et de Guillaume, le malade reprit peu à peu son calme.

Et le retour à la santé ne fut bientôt plus qu'une affaire de temps.

Pendant la convalescence du cher Tremblevif,

qui dura jusqu'au commencement du mois d'août, on évita, cela se comprend de reste, de rappeler au souvenir du peintre les scènes lamentables qui avaient précédé sa maladie.

Ce fut Tremblevif qui en parla le premier.

Comme il se trouvait seul, un matin, avec Guillaume, il lui demanda d'une voix douce et résignée de vouloir bien le conduire à la tombe d'Anna.

Le pauvre Vermeil, le cœur très-serré, ne voulait point le contrarier, en voyant l'inquiétude avec laquelle Tremblevif attendait sa réponse, seulement il lui demanda de faire ensemble ce lugubre pèlerinage.

C'est alors que Tremblevif voulut raconter à son ami et à sa sœur la passion qu'il avait conçue, au Louvre, pour la chère petite à jamais endormie.

Mais ceux-ci le supplièrent de n'en rien faire, ajoutant que les détails cruels de son amour, en ne leur apprenant rien qu'ils n'eussent déjà deviné, le feraient horriblement souffrir de nouveau.

Quelques jours après, tous les trois — Cécile ne voulait jamais abandonner son frère — allèrent au cimetière Montmartre.

Bien loin de raviver la douleur non effacée, mais engourdie de Tremblevif, la station qu'il fit auprès du tombeau de la famille Delcour sembla mettre un baume d'une douceur extrême sur ce cœur à vif.

Il en revint infiniment plus calme.

Lorsqu'on vit l'effet salutaire, inattendu, de la visite au tombeau de la morte, on ne mit plus d'obstacles à leur fréquence, et on ne l'accompagna plus.

Tremblevif allait donc souvent au cimetière. Il y portait des fleurs, ces témoignages éphémères d'une désolation, décroissante parfois, vivace toujours. Il ne fut pas longtemps à remarquer, malgré le recueillement dans lequel il s'isolait, près de la funèbre couche où reposait la vierge perdue pour lui, la présence continuelle d'un étranger qui, comme lui, priait, et, comme lui, apportait des fleurs.

Il supposa naturellement que le mari d'une heure de celle qui n'était plus qu'un souvenir venait, comme lui, plein de regrets amers, confier sa tristesse aux cyprès, aux fleurs, au marbre.

Mais, en démêlant ses souvenirs confus, il se

rappela vaguement avoir vu quelque part, au Louvre ou ailleurs, l'inconnu, d'une figure distinguée, habillé avec grand goût, brun comme la nuit, d'une taille élevée, qui se tenait chaque jour courbé vers les buis, les fleurs et les gazons qui recouvraient un bonheur disparu.

Je l'ai déjà dit, Tremblevif était d'une sensibilité de femme, dont l'exquisité était encore augmentée par son état de convalescence.

Un jour, réfléchissant, il se demanda si son amour n'était point un adultère d'outre-tombe, et si l'irritation que faisait naître en lui la présence d'un compagnon de prières et de larmes n'était point illégitime ?

Cédant à cette étrange délicatesse, il allait se retirer, abandonnant au mari le droit de prier, seul, à la tombe conjugale, pour la femme que tous deux avaient aimée, quand l'inconnu, saluant gravement Tremblevif, le pria de demeurer.

— Je vous fais fuir, monsieur ?

— Non, je me retirais, répliqua le peintre, en ôtant son chapeau.

— Vous l'aimiez donc bien, monsieur, ajouta

l'inconnu, en désignant d'un coup d'œil la tombe illuminée par le brûlant soleil.

— Oui, je l'ai aimée.

— Monsieur, dit l'étranger, je n'ai pas le droit de venir à cette tombe, je le sais.

— Vous ! articula avec peine Tremblevif.

— Non, je n'ai pas ce droit, mais je le prends. Nous étions rivaux, et voilà ce que nous avons fait ! — Et du doigt, les yeux brillants, il montrait le tombeau. — La loi vous a fait son mari. Moi, j'étais son amant ! Oh ! pardon, chère âme ! ajouta-t-il, j'étais ton fiancé. Elle m'aimait.

Tremblevif s'appuyait sur la grille qui protégeait la tombe, et, le visage décomposé, écoutait parler l'inconnu.

— Elle m'aimait ! reprit avec animation l'inconnu. Elle m'aimait, et vous êtes venu, avec votre fortune ; vous l'avez jetée aux pieds de ses parents avides. Vous avez acheté votre contrat! Oh ! tenez...!

— Je ne suis pas celui que vous dites, répondit à voix basse Tremblevif.

— Vous n'êtes pas... Voyons !... croyez-vous qu'ici, devant cette morte, je veuille me livrer...

— Je m'appelle Jean Guesdon ! cria Tremblevif, et, comme un fou, tordant les bords de son chapeau, il disparut dans les allées sinueuses, derrière les tombes.

L'inconnu resta un moment hébété après cette déclaration incompréhensible pour lui, et regardant, d'un œil égaré, tantôt la tombe, tantôt le chemin qu'avait pris Tremblevif, il passa la main sur son front.

XI

SAINT-OUEN

— Ce n'était pas moi qu'elle aimait !

Cette courte phrase, comme un cruel refrain, revenait sans fin, sans trêve, à la suite de ses désolantes réflexions, dans la tête du pauvre garçon.

Dans la pensée de Tremblevif, sa pensée secrète, sa pensée caressée avec douceur et tristesse, Anna était morte pour lui.

La jeune fille l'avait si souvent et si tendrement regardé au Louvre, quand il copiait la *Buveuse !*

Hélas! hélas! Tremblevif ne faisait pas la part de sa mauvaise vue et de son ardent amour. Il avait voulu être aimé, et par des degrés insensibles, inexplicables, il était arrivé à se figurer que la pure enfant, sans échange de paroles, et comme il l'avait cru, oh! très-souvent cru! l'aimait d'une ardeur égale à la sienne.

Malheureux Tremblevif! il tombait plus rudement encore du haut de son rêve; il en tombait pour ne plus se relever.

De son amour le souvenir même lui devint odieux, insupportable. Mariage, mort, ces deux affreuses nouvelles l'avaient renversé, mais non tué.

Le mariage d'Anna lui supprimait la joie sur la terre, mais sa mort lui laissait encore l'espérance de la réunion dans le monde invisible et éternel.

Maintenant il n'avait même plus cet espoir. Rien dans la vie, rien au delà. Et pourtant il était à bout de courage. Il avait peur du connu. Le passé lui semblait impossible à envisager.

Restait l'inconnu. Et insensiblement, en descendant la colline de Montmartre, du côté de la plaine, et fuyant Paris, il vint à perdre la foi, parce que l'amour c'est l'essence de la foi, et que l'amour s'en allait. Il n'eut plus de force, parce que l'amour c'est encore la force, et que l'amour sortait de son cœur en le déchirant.

Et il se sentit lâche, et il se dit que le néant consolateur devait suivre la vie ; et, dans son âme lassée, une voix lui murmura que le repos était bon.

Oh! dormir! être étendu, et dormir! et cet obsédant besoin de repos sans limites l'envahissait.

Mais il était trop fraîchement revenu à la vie pour que son corps ne repoussât pas énergiquement l'idée de la mort.

Ses sens convalescents s'attachaient à la vie comme le matelot au baril flottant sur la mer, quand il sent ses pieds et ses mains s'engourdir.

Le combat de l'âme désespérée et du corps aux raisons d'enfant malade, fut long, silencieux.

Tremblevif regardait déjà les énormes roues des voitures des carriers avec une envie lâche.

Il s'avouait que, si un choc soudain le jetait à terre, il ne se relèverait pas et attendrait la roue.

Mais il ne fit pas ce qu'il pensait, malgré

les heurts que ses jambes faibles eurent à supporter.

La nuit était venue, pleine d'étoiles, fraîche, et remplie de murmures qui s'affaiblissaient.

Alors, il se rappela tout à coup son oncle, ses amis d'enfance, les ponts innombrables qui enjambent les méandres noirs de l'Eau-de-Robec, à Rouen, le Musée de la ville, le grand tableau de Memmeling, sa sœur, sa nourrice, le peintre D..., son maître et son bienfaiteur.

Il revit les restaurants sordides où il mangeait jadis, Guillaume le Vermeil et ses camarades d'atelier, et sa copie de la *Buveuse*.

Tout cela lui parut éloigné, éloigné et vague.

Puis, se figurant sa fin prochaine, il vit son corps rapporté chez lui, suivi des gamins, des curieux. Il entendit les cris terribles de sa sœur et de Guillaume, la voix du médecin, et le roulement du corbillard.

Quand cette vision tuante disparut, Tremblevif se vit dans un village ; à diverses enseignes il reconnut Saint-Ouen, où jadis, avec Guillaume et Cécile, on était venu dîner un dimanche.

Alors, comme un fer aigu et froid, le souvenir du suicide d'Anna traversa son cerveau, et, en levant la tête, il aperçut les grands peupliers de l'île Saint-Ouen.

Une vapeur humide et chaude montait de la Seine, et des bruits faibles, indistincts, remplissaient le silence.

Il s'assit au bord de l'eau, sur le gazon trempé de rosée, et, machinalement, il essuya ses doigts mouillés.

De grosses larmes tombaient de ses paupières brûlées.

Il pencha la tête lentement.

Le voulut-il, ou sa chute fut-elle le résultat de la perte de l'équilibre, nul ne peut le dire ; mais il glissa dans la rivière.

Cela se fit sans produire d'autre bruit qu'un petit clapotement sourd.

Il ne se débattit même pas. De grands cercles, brisés au rivage, et qui semblaient fuir avec effroi le point central où la mort faisait son œuvre, furent tout ce qu'on aurait pu voir de son agonie.

Il y avait bal dans l'île ce soir-là.

XII

Le lendemain, l'oncle Guesdon, arrivé de Rouen pendant la nuit, frappait à la porte de l'atelier de Tremblevif.

Ce fut Cécile, pâle, les yeux rouges, qui vint lui ouvrir.

Elle lui apprit que Jean n'était pas rentré la veille, et que Guillaume le cherchait depuis minuit.

A midi, Guillaume revint. Il avait été à la Glacière, de prime abord, se rappelant la première absence de Tremblevif, accompagné de tout ce qu'il avait pu rassembler d'amis. Il n'avait rien trouvé.

Il repartit immédiatement pour Saint-Ouen, saisi des plus tristes pressentiments. L'oncle Guesdon voulut le suivre.

En route, Guillaume, en trois mots, lui apprit la fatale passion de son neveu, et, tremblant de tout son corps, le supplia d'aller derrière Notre-Dame, à la Morgue.

L'oncle Guesdon fut de retour vers les deux heures, n'ayant vu qu'un noyé de quarante ans sur les lits de pierre noire.

Guillaume, à son tour, arriva de Saint-Ouen. Cette fois il était plus vermeil que jamais, mais sinistre.

— Je sais où il est, dit-il à Cécile.

— Où? haleta la pauvre fille.

Guillaume ne répondit rien. Mais Cécile et l'oncle Guesdon, celui-ci en tombant sur un siége et en pâlissant, et celle-là en s'évanouissant sans bruit, montrèrent qu'ils avaient compris.

Des voisines, prévenues par Guillaume, vinrent soigner Cécile, pendant que le sculpteur, entraînant l'oncle Guesdon, se rendait à la Morgue.

Il était quatre heures. Il y avait deux noyés dans la salle d'exposition quand ils arrivèrent.

Guillaume, livide, demanda à parler au greffier.

. . . .

Il y a huit jours, en errant dans la galerie de Médicis, au Louvre, je rencontrai Guillaume le Vermeil. Je ne l'avais pas vu depuis l'enterrement de Tremblevif.

Le sculpteur, dans son lugubre costume, me parut quelque peu changé. Il essaya de sourire en me serrant la main, mais ses yeux se remplirent de pleurs, et il me montra la *Buveuse* de Metsu.

Comme je connaissais l'histoire de Tremblevif, je demandai au sculpteur ce qu'on avait fait de la copie de la *Buveuse*.

— Mademoiselle Guesdon, me dit-il, est retournée à Rouen, avec son oncle. Elle a voulu emporter le tableau de son malheureux frère. D'ailleurs, l'amateur qui l'avait commandé n'en voulait plus. Il en avait horreur.

— Et vous, mon cher, que devenez-vous?

— Je travaille beaucoup.

— Et votre mariage?

— Après notre deuil Cécile deviendra ma femme, sans noce, sans billets de faire part.

— Je vous souhaite à tous deux plus de bonheur, mon ami, et du meilleur de mon cœur.

— Nous en avons besoin. Tenez, je suis venu dire adieu au Louvre, aujourd'hui, pour quelques mois. J'étouffe, ici. En même temps, je suis venu reprendre les affaires de Jean. Oh! mon pauvre Jean, il avait pressenti sa fin. Tenez, dans ses papiers, nous avons retrouvé à propos d'un fusain que lui avait envoyé Théodore Baron, et qui représentait une eau tranquille au fond d'un bois, les vers que voici...; vous savez que notre ami rimait quelquefois.

Guillaume le Vermeil me tendit un petit chiffon de papier violet, sur lequel je lus cinq ou six strophes très-simples et très-douces que je place ici comme épilogue:

SUR UN FUSAIN

Dans un endroit perdu, dans un coin solitaire,
Où du monde oublié s'éteint la grande voix,
C'est une goutte d'eau tombée au fond des bois;
Une larme du ciel qui roule sur la terre.

Et ce n'est rien de plus! — De joncs et de roseaux,
Inclinés avec grâce, un matin l'a parée,
Et, limpide, elle dort avec calme, ignorée
Des chevreuils inquiets, ainsi que des oiseaux.

Elle dort, ignorée, en sa coupe fleurie,
Reflétant les rameaux qui vibrent dans le vent;
Elle dort ignorée... hélas! peut-être avant
La fin de la journée elle sera tarie.

Et nulle créature avec un cri joyeux
N'aura puisé la vie en sa fraîcheur divine,
Et, ne laissant qu'un trou noir où l'œil la devine,
Elle remontera, vapeur rapide, aux cieux.

Oh ! qu'il en est des cœurs pareils à cette eau pure !
Ignorés de la foule, ils palpitent, rêveurs ;
Personne ne connaît les intimes saveurs
De leur tendresse éclose au vœu de la nature !

Tristes, ils doivent rendre, au soir du dernier jour,
Leur âme blanche au ciel et leur corps à la terre ;
Sans avoir pu verser, breuvage salutaire,
A des lèvres en feu, leur jeune et frais amour !

Quand j'eus pris copie de ces vers, Guillaume me serra de nouveau la main, et, après m'avoir prié de venir le voir, comme autrefois, le dimanche dans son atelier désert et silencieux, il me laissa, tout pensif, au milieu des flots d'Allemands, de Russes et d'Anglais qui s'exclamaient avec des intonations bizarres devant les opulences de Rubens, et les peintures fines, spirituelles, des petits maîtres flamands et hollandais.

OUAPHRES

A JULES HÉREAU

I

La silencieuse bibliothèque Sainte-Geneviève est le rendez-vous, le soir, à la douce lueur des lampes, d'une population studieuse, vivante antithèse de la foule bruyante qui envahit, dans la journée, la salle de lecture de la Bibliothèque de la rue Richelieu.

Là, point de causeurs sans vergogne, point d'allants et de venants perpétuels. Là aussi, moins de visage fanés, usés, ridés, moins d'habits sordides. Les jeunes gens des écoles, les externes des colléges voisins, les infirmiers laborieux du Valde-Grâce, composent en grande partie le public quotidien de la bibliothèque de la rive gauche.

Cependant, la plupart de ces travailleurs énigmatiques, d'allure et de costumes excentriques, que l'on remarque, du matin au soir, rue de Richelieu, pour peu que l'on fréquente pendant quelques jours de suite la salle de lecture, viennent se réfugier, de six à dix heures du soir, dans l'asile ouvert à côté du Panthéon, et y continuent leurs recherches sans but, leurs manuscrits sans fin.

Seul, Kasangian, cet abbé arménien qui, de vivant immortel, s'est transformé en éternel souvenir, ne vint jamais à la bibliothèque dont nous parlons : il est des cœurs qui ne peuvent contenir deux amours !

Parmi ces singuliers personnages que tout le monde connaît, mais dont personne ne sait ni le nom, ni l'âge, ni la demeure, mystères en paletot crasseux, sphinx en chapeau bossué, un vieillard, assez semblable à une momie en tenue de sarcophage mais à laquelle on aurait enlevé les bandelettes pour les remplacer par un habit noir, avait souvent attiré mes regards.

J'avais pris l'habitude de me placer à côté de lui,

aux tables du fond, refuge des gens que le bruit même des mouches fait souffrir; à la faveur de mon immobilité, grâce aussi à de banales politesses, il s'était établi entre nous deux une sorte de lien, plus facile à détruire que l'aile du papillon, cette fragilité brillante, mais qui, après six mois de stage, passa de sentiment surnuméraire à l'état d'amitié en pied.

II

Un matin, comme je traversais le jardin des Tuileries, vers huit heures, je vis, au milieu d'une allée solitaire, non sans surprise, mon ami tacite de la Bibliothèque, un pigeon ramier entre les mains, et qui semblait défaillir le long du grillage en fer qui borde les parterres de fleurs.

Je m'approchai rapidement, et mon étonnement redoublé se changea en un sentiment de commisération, lorsque je fus à même de m'apercevoir que le pauvre vieux pleurait à grosses larmes.

Il me reconnut immédiatement, malgré sa

douleur, et me montrant le ramier qu'il embrassa doucement, il me dit d'une voix brisée :
« Il est mort. »

Ce mot m'expliqua tout. Le rat de bibliothèques appartenait à la confrérie bienfaisante, et qui va se recrutant de jour en jour, des nourrisseurs d'oiseaux dans les jardins publics.

Qui ne les connaît, ces charmeurs des moineaux de Paris, ces dompteurs de la fierté craintive des colombes de la grande ville !

Le chagrin très-vif qui remplissait l'âme de mon ami l'inconnu, me toucha beaucoup. Je suis de ceux qui, en dépit des rieurs, s'intéressent à la mort sans phrases du moineau de Lesbie, et je comprends dans toutes leurs vivacités bizarres les joies et les désespoirs que causent les animaux aimés.

J'essayai, de mon mieux, de consoler mon malheureux compagnon de travail. La tâche n'était point facile. A toutes mes exhortations le pauvre bonhomme ne savait que me répondre :
« Je n'avais que deux amis, deux amis sincères, deux amis sûrs, deux amis dont je pouvais ouvrir le cœur, même avec la clef de Barbe-Bleue, assuré que j'étais de n'y jamais trouver de choses

cachées, hélas ! et voilà l'un d'eux, le meilleur, — les meilleurs sont ceux qui ne sont plus, — qui me quitte. Pauvre Sémiramis !

Le vieillard avait donné le nom de la colombe assyrienne à la colombe française.

Tandis que je m'évertuais à lui présenter des images moins sombres, et le suppliais de se conserver pour son autre ami, les gardiens des Tuileries s'étaient approchés de nous.

Un brigadier qui connaissait le *charmeur*, de longue date, après s'être apitoyé sur le sort de son pensionnaire défunt, proposa au douloureux habitué du jardin d'emporter l'oiseau en souvenir, et de le faire empailler.

— Empailler ! s'écria le vieillard, je le ferai embaumer et conserver à la manière égyptienne !

Disant ces mots, mon ami sans nom enveloppa dans son mouchoir blanc le pauvre volatile décédé, et saluant avec tristesse les gardiens, après m'avoir prié de l'accompagner un bout de chemin, se mit à arpenter les allées du côté de la rue de Rivoli.

— Venez avec moi, me dit-il. Ne me faites pas parler. J'ai le cœur trop gros. Nous allons voir mon autre ami. J'ai besoin de lui apprendre mon malheur. Cela me soulagera.

Obéissant à cette prière, je le suivis sans mot dire. Il prit la rue de Rivoli. Je la pris également, et nous la descendîmes, sur le trottoir de droite, jusqu'à l'entrée de la cour du Carrousel.

III

Puis, pénétrant dans le Carrousel que nous traversâmes en diagonale, mon ami l'ornythophile et moi, nous arrivâmes, après avoir franchi la cour du Louvre, à la porte du Musée égyptien.

Un instant après, nous nous trouvions dans la grande salle du rez-de-chaussée, remplie de statues monolithes, de Naos d'un seul bloc, que gardent, calmes et pensifs, deux gigantesques sphinx de granit rose, situés vis-à-vis l'un de l'autre.

Un grand silence régnait dans cette salle, humide comme un cimetière, où tant de siècles révolus contemplent le promeneur, lequel est intimidé au point de n'y parler qu'à voix basse.

Le pas sonore des gardiens enfouis sous leurs manteaux verts, ébranlait les parois muettes de cet hôpital du passé, sinon invalide, du moins fruste.

Mon compagnon, portant toujours son oiseau mort, me fit traverser dans toute sa longueur la nécropole des dieux à têtes de lion, de chat et de chacal, s'arrêta brusquement devant une statue en granit noir, semblable à du vieux bronze teint de la patine des siècles, et là, se découvrant, me dit : « Voilà mon second ami. »

Je m'étais bien gardé de rompre le silence que m'avait imposé doucement le vieillard. Néanmoins, je ne pus retenir une exclamation, en apprenant cette nouvelle inattendue ; puis je me mis sérieusement à examiner la statue sur les genoux de laquelle le vieillard passait amicalement la main.

Cette statue, placée le visage tourné vers la cour, entre un immense sarcophage de granit et deux figurines de pierre rose, représente (car elle est toujours au Louvre), un homme accroupi, les mains croisées sur les genoux. Le tout grossièrement taillé, je devrais dire indiqué, dans le bloc. Les épaules et la tête, seules dégagées du reste, surmontent ce corps monstrueux et presque informe.

Cette tête, assez finement dessinée, présente tous les caractères de la race égyptienne : grands yeux osiriens, lèvres épaisses, nez épaté, pommettes saillantes, oreilles larges évasées.

Une ironie calme est l'expression générale qu'offre l'ensemble des traits accentués de cette figure sans regard.

Sur le socle qui supporte ce témoin imperturbable de tant de chutes d'empires, et qui rappelle par là l'homme *impavide* dont parle Horace, l'Administration a fait placer cet écriteau explicatif:

FONCTIONNAIRE *nommé* OUAPHRÈS

ÉPOQUE SAÏTIQUE.

IV

— Oui, voilà le dernier ami qui me reste, reprit tout à coup le vieux fureteur de la bibliothèque Sainte-Geneviève. Cher *Ouaphrès*, poursuivit-il sans remarquer ma surprise peu dissimulée, cher Ouaphrès, je te salue. Tu me vois malheureux. Toi qui souffres tant, ami, console-moi.

— Alors, il vous comprend? dis-je à tout hasard.

— Ouaphrès ne parle pas, me répondit l'étrange vieillard. Il goûte en paix les jouissances du mutisme. Mais, regardez ses yeux, comme ils sont éloquents. Regardez-les. Ils me prient de modérer mes plaintes.

Je regardai très-attentivement le visage sévère d'Ouaphrès, je le regardai longtemps. A ma grande stupéfaction, soit par un effet du jour tantôt voilé, tantôt brillant qui l'éclairait, soit par suite de la fatigue de mon œil, je vis pleinement la figure sombre prendre un aspect plus riant, et d'imperceptibles mouvements de muscles semblaient varier l'expression de sa physionomie. Tous ces changements étaient d'une ténuité extrême.

— Il vous a parlé? demanda le vieillard.

— Par Sésostris, je suis plus ému que Sganarelle quand le Commandeur lui eut répondu. Votre ami a l'air de me charger de vous exhorter à la résignation.

— Je le crois et je suivrai ses conseils. Si vous saviez quels baumes ce vieil ami a souvent mis sur mes plaies intérieures !

— Vous vous connaissez depuis longtemps ?

— Depuis dix ans. Mais notre amitié, basée sur une similitude de positions, date de plus loin que cela. Ouaphrès est pour moi un très-ancien ami, un ami de quatre mille ans !

— En effet, c'est une constance bien rare. Voilà un ami solide.

— Ah ! monsieur ! ce qui m'a attaché à cet homme, vous allez l'apprendre : il a été *fonctionnaire*, comme le dit l'écriteau. Eh bien, moi aussi j'ai été fonctionnaire. Il a été malheureux, opprimé, ennuyé, pauvre, comme moi, monsieur. Il a eu ses ambitions irréalisées, ses espérances déçues, comme moi. Il a été ignoré, oublié, compté pour rien, comme moi encore. C'est pourquoi je l'aime. Nous ne sommes pas de la même famille, nous ne sommes pas de la même patrie ; mais nous sommes des mêmes souffrances. Cela suffit, mon pauvre Ouaphrès !

— Je suis de votre avis, dis-je, tout ahuri par ces révélations qu'on aurait pu croire sorties de la bouche d'un fou. Son sort passé, votre sort présent, tout devait le rendre cher à votre cœur, continuai-je.

— Son sort passé! repartit brusquement le vieillard, son sort passé! Mais sachez donc que ce pauvre fonctionnaire, en venant à Paris, n'a fait que changer de maître! Moi, je suis retraité, je n'ai plus rien à démêler avec le public; mais lui, mon Ouaphrès, il est sans relâche en butte aux plaisanteries de la foule. La nuit n'est même pas une halte pour lui. Il faut qu'il demeure dans cette salle. Oh! quelle vie! — Il est et restera fonctionnaire jusqu'à la consommation des temps. Qui sait? les cataclysmes à venir le respecteront peut-être? Jamais il ne pourra se dissimuler. L'oubli ne peut l'atteindre. On a gravé, en caractères hiéroglyphiques ineffaçables sur sa robe, son nom, ses qualités, son pays, son âge. Oh! soin fatal!

V

— Tout ce que je regrette, me dit en sortant du Louvre le vieillard qui déclara se nommer

Walter Hontsort, c'est de ne pouvoir converser en égyptien avec mon unique ami.

— Que ne l'apprenez-vous ? Nous avons des savants qui, à peu de chose près, expliqueraient des songes, comme Joseph, à un Pharaon quelconque.

— Je suis trop vieux, répondit Walter Hontsort. J'ai essayé, je n'ai plus de mémoire. Mais Ouaphrès n'y perd rien. — Je vais tous les jours lui serrer la main. — Ce n'est pas pour moi que l'Administration a mis au bas des statues : « *Le public est prié de ne pas toucher.* » Moi, je frappe sur l'épaule d'Ouaphrès, je lui conte les nouveautés de la ville, je lui parle de son pays natal. Les gardiens me connaissent, ils savent que je ne suis pas un Anglais à casser le nez aux dieux pour l'emporter chez moi, et pourtant, Isis et Osiris, nos dieux, savent combien je désire ardemment de posséder Ouaphrès chez moi !

— Faites-en faire la photographie !

— Que me dites-vous ? — J'ai son portrait au fusain, à l'aquarelle, en peinture, à l'eau-forte, à la plume, au crayon. Sa statue est également chez moi, en bronze, monsieur. Hélas ! mais ce n'est pas lui !

— Malheureusement, non.

— Ces témoignages d'une amitié sans bornes, on les appelle des manies. On me traite de fou, dans mon quartier. Mais je méprise tout cela. Ouaphrès m'en sait gré, voilà ma récompense.

— Vous vivez seul? sans indiscrétion, lui demandai-je, pour changer le cours de la conversation.

— Oui. Ah! j'ai dû me marier. Que voulez-vous, on est faible aux heures de maladie. —Je devais épouser une veuve, assez gaie.

— Bah!

— Oui, mais Ouaphrès, à qui je contai le cas, n'eut pas du tout l'air content. Il me dit, sans détours, qu'il prévoyait son abandon prochain. Bref, il me donna cent autres bonnes raisons et me convainquit. Je suis resté garçon.

— Cette résolution dut le réjouir.

— Son sourire me fit plus de plaisir qu'un regard du jeune Horus, quand il émerge d'un lotus, sur les eaux du Nil, au soleil levant.

VI

La vie excentrique de Walter Hontsort lui fit de moi une connaissance assidue autant que dévouée.

Ce pauvre vieillard m'intéressait. Nous nous vîmes beaucoup pendant trois mois, soit à la Bibliothèque, soit au Louvre, ces deux fontaines de Jouvence où, se retrempant dans le beau, le vrai et le grand, l'âme acquiert la Force, cette seconde Jeunesse.

Chaque fois que, en compagnie du vieil Hontsort, j'eus le plaisir de voir Ouaphrès, celui-ci, je le confesse humblement, me parut avoir conscience de notre visite.

Explique qui pourra cette hallucination extraordinaire, mais dès que nous le regardions avec fixité, surtout vers la fin du jour, nous voyions distinctement le coin extérieur de ses paupières épaisses s'abaisser par clins rapides. Il souriait.

Ce sourire, plus léger que celui de la Joconde du Salon carré, mais aussi indéfinissable, eut pour effet d'enraciner dans mon esprit cette certitude que, sous sa gangue de granit, suivant le dogme fondamental de la religion des Pharaons, l'âme vivait encore en attendant sa translation dans un corps nouveau.

Au mois de décembre de l'année dernière, je partis pour Alger.

En montant dans le wagon qui allait m'emporter à Marseille, je recommandai vivement à la sollicitude de deux amis, — Hippolyte de la Charlerie, un peintre, Augustin Moreau, un sculpteur, — le vieillard de la Bibliothèque et son fidèle Ouaphrès.

C'est par ces deux artistes que j'ai appris le dénoûment de la liaison invraisemblable que j'ai l'honneur de vous raconter.

Un dimanche de janvier, pendant que Walter Hontsort faisait une visite à Ouaphrès, des jeunes gens, un peu excités, s'arrêtèrent devant la statue du solennel fonctionnaire égyptien.

— Oh ! cette binette ! s'écria l'un d'eux.

— Est-il assez laid, le magot ! ajouta un second.

Un troisième, avec un mot obscène, vint à son tour à la charge.

Walter Hontsort, mis soudain hors de lui, éclata en reproches sanglants à l'adresse des aimables farceurs en rupture de magasin, qui ne savent pas respecter la majesté des souvenirs que laissent derrière elles les époques disparues.

Puis, tout à coup, il tomba sur les dalles, comme foudroyé.

On le transporta dans une pharmacie voisine. L'attaque d'apoplexie, grâce aux prompts secours d'un médecin des environs, ne laissa pas trop de traces de son passage dans le cerveau, mais le repos et le silence le plus absolus furent recommandés au vieillard, que l'on reconduisit chez lui.

Hélas! le pauvre vieux ne l'entendait pas ainsi; il voulait absolument se battre en duel avec les infâmes insulteurs, payés, disait-il, qui avaient abreuvé d'outrages l'infortuné fonctionnaire étranger. — Les lâches! hurlait-il dans son lit, où le maintenait une paralysie naissante, ils ne savent donc pas qu'il ne peut donner sa démission !

Sa rage concentrée détruisit complétement les bons effets des ordonnances de son docteur. Il mourut à la suite d'un violent accès de colère.

Entre deux crises, il avait eu le temps de faire une espèce de testament. Il priait ses rares amis, les amis d'Ouaphrès, de brûler ses notes, de donner ses meubles et vêtements aux pauvres, et de l'ensevelir avec tous les bustes ou portraits de son ami du Louvre et la momie de la colombe Sémiramis.

Enfin, il demandait à être enterré dans un village où, quarante ans auparavant, il avait vécu pendant un mois aux pieds d'une jeune fille.

Ses vœux sont exaucés. Il repose maintenant à Osny-sur-Viosne, dans un cimetière presque gai, à force de verdure, sous une oseraie fleurie. Un buste d'Ouaphrès, en marbre, exécuté par A. Moreau, veille sur sa tombe ignorée du passant, et qui ne porte d'autre inscription que le signe représentant l'âme chez les Égyptiens.

VII

A mon retour d'Afrique, une de mes premières visites a été pour le Musée du Louvre, ce paradis des yeux et de la pensée.

En approchant de l'endroit où, roide et noire, se découpe sur la pleine lumière la statue trappue d'Ouaphrès, je ressentis au cœur, dois-je l'avouer? des battements précipités.

Comme je l'ai dit, Ouaphrès tourne le dos aux visiteurs. Il échappe ainsi aux grossières critiques des flâneurs ignorants. Avant de me présenter devant lui, j'eus donc le temps de me remettre un peu.

Enfin, nous nous trouvâmes face à face. Il n'était pas changé. Je le contemplai longuement. Mais en vain je plongeai mes yeux dans ses yeux sans prunelles, rien sur ce masque d'airain céleste, le granit, ne décela qu'il eût connaissance de ma présence.

Je touchai le corps. Il était plus glacé qu'un minéral ne le doit être; cela me parut singulier.

Alors un soupçon terrible me traversa l'esprit. Avant d'oser émettre l'idée — révélatrice de ce froid et de cette immobilité effrayante — que je sentais descendre de mon cerveau à mes lèvres prêtes à la crier, je regardai de nouveau fixement les yeux atones d'Ouaphrès.

Mais nulle apparence de peine ou de plaisir ne vint déranger imperceptiblement l'ordre à tout jamais fixé des traits rigides de l'homme de pierre que la mort d'un ami sans pareil laissait, seul, sur la terre indifférente.

Et, terrifié par ma découverte soudaine, je me sauvai par les salles, en me répétant tout bas, avec une conviction affreuse, cette parole étrange : « L'âme d'Ouaphrès est morte ! »

P. S. Quand je vais au Louvre, je prends par les antiquités assyriennes, maintenant.

UN SECRET

(Extrait des Mémoires du docteur Sam Petersfield.)

. . . .

... Il faisait un temps abominable ce soir-là !

C'était une de ces bruyantes tempêtes d'équinoxe, — nous étions en automne, — au début desquelles le vent furieux pousse horizontalement les gouttes de pluie lourdes, et qui cinglent comme des grains de fer.

Tantôt, avec une joie méchante, et en jetant des clameurs formidables, le vent arrachait les ardoises, les cheminées, les enseignes, les girouettes, et les fracassait sur le sol; tantôt subtil, il s'introduisait par le trou des serrures, par les fentes, par les plus minces interstices, dans l'intérieur des maisons, et arpentait les corridors, montait les escaliers, ébranlait les portes, en poussant des gémissements lugubres, des soupirs vraiment diaboliques.

Le tonnerre roulait au loin, et détachait, comme des aides de camp, d'éblouissants éclairs.

Ah! ce soir-là, certes, il était singulièrement agréable pour un pauvre docteur, tourmenté diurnement par les inquiétudes enfantines d'une multitude de ladies, de rester au coin du feu, les pieds dans la cendre, sans soucis, et de laisser s'accomplir sans contrainte, sans précipitation, les douces opérations de la digestion.

Heureusement pour moi, Sam Petersfield, le médecin de qui je parle, et, diraient les mauvaises langues, heureusement pour l'humanité, peut-être, je n'avais aucun malade à aller visiter dans le bourg.

Je m'étais tranquillement enseveli dans ma chaude douillette. Je buvais en fumant, ou, si vous l'aimez mieux, je fumais en buvant.

En étais-je au troisième ou bien au quatrième verre de fine eau-de-vie, lorsque l'orage parut redoubler de violence, je n'en sais vraiment plus rien. Mais je me rappelle parfaitement, nettement, que j'éprouvais un intense plaisir à voir le cristal, rempli de la liqueur cordiale, étinceler aux rayons calmes de la lampe, comme une magnifique topaze.

Cela porterait-il une atteinte à la gravité de mes fonctions médicales, d'avouer que la limpidité du cognac et le brillant du verre qui le contenait, doublaient la satisfaction que je ressentais, en buveur convaincu ?

L'aveu naïf que je fais de mes goûts particuliers diminuera-t-il la considération à laquelle je suis habitué de la part de mes contemporains ?

Non, je ne le pense pas. Et d'ailleurs, entre mes quatre murs bien chauds, que diable pouvait bien me faire, en ce moment-là, l'opinion publique !

Oui, j'aime cette transparence joyeuse, et je la préfère de beaucoup à l'inutile éclat de toutes les *montagnes-de-lumière* de l'Inde.

Bon pour les femmes, des pierreries ! un diamant liquide, potable, voilà ce qui me convient, entre sept et neuf heures du soir, pour combattre l'influence d'une atmosphère remplie d'électricité.

Je m'isole au moyen d'une libation sage, moi !

l'eau-de-vie, d'un jaune doré, qui tremble dans la coupe, voilà mon paratonnerre !

Libre à Franklin de hausser ses philanthropiques épaules !

. . . .

J'aime, je le répète, le scintillement familier d'un verre plein, le soir, traversé de flammes charmantes qui vont, sur la nappe blanche, dessiner un arc-en-ciel tremblant !

Ce rien est tout pour moi.

C'est probablement à l'absence inquiétante de ce *rien*, comme l'appelleront les sages, les abstèmes, que je dois attribuer la froideur des soirées, rares maintenant, que je passe chez Joë Glass.

Un bizarre individu que ce Joë Glass !

Encore Glass n'est-il qu'un sobriquet, un surnom donné par euphémisme, par antiphrase ; le vrai nom de cet individu qui, tout à coup, surgit dans ma mémoire, est Joë Hiram.

L'aversion, tout à fait inexplicable, déraisonnable même, qu'il montre depuis longtemps pour le *brillant* en général, et en particulier pour le brillant des cristaux, l'a fait surnommer *Glass*.

Joë *miroir*, Joë *verre*, telle est l'appellation

dont on use le plus communément à son égard.

Étrange tempérament!

En ma qualité de médecin diplômé, j'ai étudié de près cette *idiosyncrasie* dont les exemples ne sont pas communs, et je dois avouer qu'elle est restée pour moi une véritable énigme.

Une énigme encore pour moi, c'est la haine que certaines personnes éprouvent pour le cuivre.

L'horreur du brillant? Mystère!

Mais que je vous dise donc, en peu de mots, en quoi consiste et comment se manifeste la haine inextinguible contre ce qui me ravit, moi, Sam Petersfield, docteur, que témoigne sans cesse le pauvre Joë Glass.

Je suppose que vous allez chez lui. Prêtez-moi l'oreille, je vous prie.

Joë Glass vous reçoit dans un cabinet fort sombre, dont les meubles sont recouverts d'étoffes noires, ternes.

L'emploi d'un *vernis* quelconque a été soigneusement interdit aux tapissiers.

Le *mat*, le mat absolu, règne seul.

Vous m'entendez? le *mat*.

La lumière, si on la laissait pénétrer à flots,

chercherait vainement une surface à rendre miroitante.

Pas de reflets possibles !

Les vitres sont dépolies.

Dans la salle à manger, la même exclusion obstinée du brillant est plus remarquable encore. Sur le dressoir, complétement tendu de drap, repose une vaisselle plate — Joë est immensément riche — qui n'a jamais été *brunie*. L'argent est d'un blanc mat. La porcelaine, cuite tout exprès pour son usage, a l'aspect du *biscuit*. Bien entendu la verrerie est dépolie comme les vitres. Le vin est servi dans des bouteilles de grès commun.

Joë, en outre, ferme les yeux en buvant !

Les couteaux, damasquinés, fourbis d'une façon particulière, ne reflètent aucun rayon.

Oh ! ce n'est pas chez Joë Glass que les petits enfants peuvent s'amuser à faire des grimaces dans les cuillers brillantes, et rire en voyant leurs traits délicats défigurés de la plus amusante manière !

Tout ceci est bien le fait d'un singulier maniaque, j'en conviens ; d'un malade aux nerfs douloureusement tendus, peut-être ; mais chacun a ses idées, n'est-ce pas? son penchant à choyer, comme dit Hamlet; aussi, comme convive, je n'en ai jamais touché un mot à Joë.

Comme homme de science, j'ai pu faire mes observations, essayer de résoudre le problème, mais, *in petto*, sans émotion visible.

Bref, je me contente d'être le spectateur des excentricités de Joë Glass, sans chercher brutalement à deviner leur cause par des questions oiseuses.

Et pourquoi me fatiguer l'esprit, cet esprit sagace, d'ailleurs si utile aux ladies qui me font l'honneur de me consulter?

Que j'aie quatre ou cinq accouchements laborieux pendant l'année, une douzaine de malades du meilleur monde, du véritable Cognac de France et d'excellent tabac, et me voilà content!

— « Ce n'est pas à autrui qu'il faut demander « les éléments de sa félicité intime, n'est-ce pas, « Sam Petersfield, docteur? » Voilà ce que je me dis chaque jour, et chaque jour, à cette question, je réponds : Non!

Joë aime le *mat*, moi j'adore le brillant; a-t-il tort, ai-je raison? que m'importe! Ma satisfaction ne se composera que du retour soudain de ses idées aux miennes : « Vivons ! *pendant que nos « genoux ne tremblent pas encore,* » comme dit Horace, et ne nous inquiétons pas des allées et venues des autres !

Pourtant, il faut le dire, évidemment je ne me sens pas à mon aise, je ne suis pas *confortable*, à son foyer. Il y a une sorte de *mal'aria* dans l'air que l'on respire chez Joë Glass. On y dîne bien, je le confesse, on y dîne parfaitement, largement, je veux dire ; mais on n'y mange pas à esprit détendu !

La sensation que j'éprouve à sa table lorsque, la serviette aux genoux, ma fourchette commence à entrer dans ses honorables fonctions, est comparable, jusqu'à un certain point, à l'état d'inquiétude dans lequel me maintenait jadis mistress May Boog, ma première cliente, lors de sa première grossesse, avec ses futiles, ses absurdes messages réitérés dix fois par heure.

Je suis anxieux, nerveux, tourmenté.

Il me manque quelque chose chez ce Glass. Je sens au bout des doigts, sous les ongles, une chaleur, une âcreté insupportables ; les articulations se fatiguent, s'irritent rapidement. Vingt fois je me lève à demi, et vingt fois je me rassieds, tendant une oreille distraite, agacée, à la conversation.

La situation tourne au supplice. Et si j'osais émettre une image hasardée, je me comparerais volontiers à ces infortunés insectes, Prométhées de la science, qu'une aiguille retient, encore vivants, sur un Caucase de liége.

L'aiguille, pour moi, c'est la politesse. Politesse aiguë et cruelle...

Pour se rendre au fumoir de Joë, on passe dans une enfilade d'appartements d'où le brillant est proscrit, vous savez maintenant avec quel soin !

Chose étrange, — mais non, la chose est fort logique et se déduit amplement de ce qui précède, — il est impossible de trouver un seul miroir dans la maison.

Pas un ! fût-il à peine grand comme la main de miss Nelly, la pupille d'adoption de Joë, sa fiancée depuis deux mois, sa femme dans huit jours.

Comment peut-on se passer de miroir ? Joë porte toute sa barbe, il est vrai; mais n'est-il pas cent autres occasions de se placer devant ce meuble assurément très-utile !

Au diable! Pourquoi me creuser encore la tête? Joë n'a pas besoin de glace, moi j'abuse de cet ustensile de toilette, et voilà tout!

Pauvre Joë! je l'ai connu si gai. Il n'y a pas si longtemps de cela : il y a trois ans à peine. Il était alors le tuteur d'un ravissant petit garçon de deux ans, son neveu.

Un jour, le malheureux baby est mort. Son oncle l'adorait avec folie. C'est depuis cette fatale époque que Joë a changé complétement sa manière de vivre.

Le bon garçon, un peu pincé, un peu sombre, mais qui savait se dérider à ses heures, et riait si violemment au dessert, est devenu l'homme farouche, attristé, le mauvais buveur que l'on connaît.

Un an après le triste événement — qui le mettait en possession d'une fortune considérable, entre parenthèses — le brillant disparut de la surface de tous les objets employés dans la maison.

Joë Glass, maigri, une ombre, ou peu s'en faut, jaune et plissé comme du vieux parchemin, a su pourtant inspirer un violent amour à son enfant d'adoption, à la compagne de sa solitude, à miss Nelly, en un mot.

Explique qui pourra, après cela, les sympathies et les antipathies qui forment le tissu fantaisiste et fragile du cœur des femmes ! Miss Nelly est une magnifique créature, un des merveilleux produits du croisement des races anglo-saxonnes. Elle est frêle, sans doute, mais pleine de vie comme une fleur fraîche.

Elle est blonde. Cependant le noir et le blanc lui vont assez mal. Elle fait par là exception à la règle, ce qui me charme. J'aime à la voir sous son bonnet garni de tulle mauve très-pâle. Aucune description, surtout celle que le crayon inhabile d'un sage médecin peut faire, ne pourrait rendre l'excessive délicatesse de ce pastel vivant. En la voyant, Rubens eût renoncé à ses femmes fortes, charnues, vermillonnées.

Et ses yeux, ses yeux brillants et humides comme ceux des enfants, ses yeux implacablement vainqueurs, ne les oublions pas.

Eh ! puis-je les oublier, moi, docteur Sam Petersfield, qui ai été transpercé par eux, certain soir !...

Consolons-nous. Ce n'est qu'une faible femme. Elle mange du roastbeef sans honte, comme les autres. Sachons-lui gré de ne pas aimer la soupe à l'oseille des Français, ce marécage des familles !

Mais je m'égare... oh ! Nelly ! — Bien heureux sera Joë, l'époux de cette divinité terrestre !

En y réfléchissant un peu, je me demande, sérieusement, si son bonheur sera en effet si grand, si complet ?

Miss Nelly est bien faible, bien faible pour supporter, malgré l'habitude qu'elle en a, l'humeur extraordinaire de Joë, cet ami de l'obscurité et des choses ternes, mates.

Il y aura évidemment, à un moment que je ne puis préciser, mais que je pressens, une grande lassitude latente, inavouée, dans le dévouement filial de mistress Glass, et, qui sait alors. . .

. . . .

Un violent coup de marteau frappé à ma propre porte, me tira brusquement de l'état de béatitude extrême dans lequel je me confisais à petit feu, si j'ose m'exprimer de la sorte.

— Bon Dieu ! m'écriai-je. Quelle fâcheuse attaque de croup ou d'apoplexie vient m'arracher à ma cheminée ? Bon Dieu !

Et j'attendis, soulagé par ce flux d'exclamations.

Des pas sourds sur le pavé du corridor, un traînement de savates de ma connaissance, m'apprirent, à n'en pas douter, que ma servante faisait son devoir. Un colloque lointain s'établit. Je crus reconnaître une voix qui m'était chère, et j'étais déjà suffisamment intrigué, lorsque la porte de ma chambre s'ouvrit brusquement, et miss Nelly en personne se présenta devant moi, échevelée, en désordre.

Sans paraître s'apercevoir du négligé choquant de ma toilette, elle me pria, me supplia de la suivre chez Joë, qui était dans un état épouvantable, disait-elle en pleurant de grosses larmes.

Je me vêtis à la hâte, aidé de ma domestique étonnée au plus haut point, la sotte, et je pris ma trousse. Nous partîmes. J'étais stupéfait.

Je trouvai Joë Glass étendu dans son fauteuil. Son visage contracté infernalement, était hideux à voir. Il avait les yeux entr'ouverts, montrant leur globe ensanglanté.

— Apoplexie, murmurai-je. Et je me préparai à le saigner.

Nous allions, miss Nelly et moi, ouvrir sa veste d'appartement, quand à ma grande surprise, ouvrant tout à fait les yeux, le moribond, du moins je le croyais tel, me dit avec un sang-froid inouï :

« — C'est passé, ce n'est rien. Merci. C'était
« une crise nerveuse. Un transport de rage.
« C'est fini. Nelly a eu peur trop vite. Adieu, doc-
« teur. Pardonnez-nous ce dérangement nocturne
« Merci. C'est ce diable d'orage ! »

Que répondre à ce discours inattendu ? Rien.
Une ou deux banalités médicales, prescriptions
anodines, conseils, etc., me servirent de transi-
tion, et je partis.

. . . .

. . . .

Le lendemain, à mon réveil, ma gouvernante
m'apprit que Sir Joë Hiram, surnommé Glass,
s'était brûlé la cervelle pendant la nuit.

Au moment où j'allais me mettre à table, le thé
étant fait, le valet de chambre de feu Joë vint à
.a maison, et confirma la triste, l'étonnante nouvelle que dans le bourg les cancans des matrones
commentaient déjà avec la rapidité qu'on sait.

Je suivis le domestique dans la demeure désormais désolée de son maître. Chemin faisant, il
m'annonça que miss Nelly s'était mise au lit,
presque tuée par cette effroyable catastrophe.

Enfin je pénétrai dans la chambre sinistre.

Mon infortuné ami était couché sur son lit, déjà glacé. Le pistolet fatal reposait près de lui, sur l'oreiller. Un peu de sang sur la chemise, un trou à la tempe par lequel l'âme avait pris son vol, telles étaient les seules traces que la mort avait laissées sur son passage.

Sur la table, à côté de papiers et de plumes, il y avait deux tomes dépareillés, l'un de Jean-Jacques, l'autre de d'Holbach.

Entre ces deux volumes, en évidence, se montrait un paquet ficelé, cacheté, adressé au docteur Sam Petersfield.

Je m'emparai du paquet.

Le soir de ce jour funeste, en buvant, le cœur un peu troublé, mon resplendissant verre d'eau-de-vie, j'ouvris la liasse de papiers que j'avais emportée.

Le paquet contenait : 1° un testament ; 2° une lettre à Nelly ; 3° une seconde lettre à mon adresse.

Cette lettre, voilà dix ans qu'elle est en ma possession ; je l'ai relue plusieurs fois, notamment, ces jours derniers en continuant d'écrire mes *Mémoires*, et chaque fois j'ai tremblé comme

19.

un enfant en la parcourant. Ai-je le tempérament d'une sensibilité vraiment trop excessive ? Je ne sais, mais la confession que renferme cette lettre me glace d'effroi.

AU DOCTEUR SAM PETERSFIÉLD.

Je vais me tuer, dans une heure. Donc, pas de feinte, pas de mensonges. Voici les faits, nus, affreux. Dieu pardonne à mon âme, si j'en ai une, car elle a bien souffert de toutes les façons, la malheureuse !

Vous vous rappelez le petit Harry, mon neveu, n'est-ce pas ? Quel mignon ! quel joli enfant ! Tout le monde l'adorait, le caressait.

Moi je le détestais. Oh ! je le détestais ! Je l'aurais voulu savoir mort, froid. Sa vue me causait d'intolérables tortures.

Le contraste permanent de son innocence avec ma perversité cachée, innée, me rendait féroce envers lui dans l'intimité.

Je ne le battais pas. Non ! je l'enveloppais d'une atmosphère de haine mortelle comme l'ombre du mancenillier.

Je le voyais pâlir de terreur quand je m'approchais de son berceau. Positivement mon regard paralysait les mouvements de son sang.

En public, oh! c'était une tout autre histoire. Je ne tarissais pas en éloges sur son compte. Je le mangeais de caresses, ce beau petit garçon si bien doué.

Et je sentais que ce frêle oiseau maudit, punition vivante de ma nature exaspérée, s'amoindrissait dans mes bras. Il y séchait de peur.

Un jour, le joli petit mourut. On rabota cinq planchettes. On les cloua sur lui. Ce fut fini.

Le cher tendron — oh! combien à cette heure et si près de la tombe où il me pousse, je le hais! — me laissa maître d'une immense fortune, la sienne, celle dont sa naissance me privait il y a deux ans!

Mais je me moquais bien de son or! Ce qui causait chez moi une jouissance infinie, c'était la certitude de ne plus le voir, à chaque instant ; c'était encore la pensée exquise qu'il avait pour jamais disparu de la surface de la terre.

Vivant, à trois mille lieues d'ici, il m'eût épouvantablement gêné. Enfin, il était mort, bien mort.

La vilaine bête de moins!

Ah! il m'avait été très-difficile de m'en débarrasser sûrement.

Ce fut très-long. Le temps que je mis à le réduire à rien, est incroyable.

Je voulais l'étouffer, comme fit l'oncle des enfants d'Édouard, mais je voulais commettre cette action impunément, sans avoir à en redouter les suites.

Me venger, belle affaire, si j'étais pris sur le fait ou après le fait!

Mais jouir de ma vengeance, longtemps, voilà le but suprême qu'il me fallait atteindre[1].

. . . .
. . . . .
. . . .

Les domestiques étaient endormis, ainsi que la gouvernante. J'étais seul dans la *nursery*.

Je lisais très-distraitement, je l'avoue, l'*Emile*, de Rousseau, ce doux philosophe, qui enseignait si bien la manière d'élever des enfants et d'en faire des hommes, et qui mit les siens à l'hôpital. Singulière contradiction!

[1] Nous supprimons, dans la lettre de l'infâme Joë Glass, le récit infernal de son crime. Les détails en sont réellement trop effroyables.   (*Note de l'éditeur du Mémoire.*)

Le petit Harry, ce délicat baby qu'on adorait la veille, râlait terriblement, et je faisais cette réflexion que le larynx, très-flexible dans l'âge tendre, peut donner à la voix un volume considérable.

Mais mes précautions étaient si bien prises !

Invinciblement, je le regardai, lui, ma victime.

Par Satan ! vit-on jamais rien de pareil ?

Il était violet, d'un violet qui semblait liquide et coulait dans tous ses membres, tour à tour les colorant.

Ses cheveux follets, d'un blond pâle comme les cils des albinos, s'étaient dressés sur son front ruisselant de sueur.

Oh ! l'affreuse figure ! la démoniaque physionomie !

Il se souleva tout à coup, ce cher Harry, en me lançant l'insoutenable regard, d'un vert métallique, phosphorescent, et suppliant à la fois, du chat battu à outrance dans l'obscurité, et que possède une rage extrême.

Oh ! l'horrible bambin ! Il retomba enfin, inerte, sur son lit. Il avait dû beaucoup souffrir.

. . . .

Je me couchai, revenu dans mon appartement. Comme il m'avait fallu déployer, malgré ma méchanceté vigoureuse, une force morale prodigieuse pendant mon action vengeresse, je m'endormis profondément, à l'instant, comme à la suite d'un exercice violent.

Le lendemain, j'entrai dans la *nursery*.

By God! je le crus vivant!

Il était redevenu aussi frais, aussi rose que devant. Je m'y attendais. Là était l'impunité, la vengeance! Mais le résultat de mes patientes, de mes infatigables études, me surprit tout d'abord.

Vous vîntes voir le mort, ô docteur Sam Petersfield, ô cher grand ignorant!

La mort vous parut résulter d'une cause interne difficile à déterminer; la rupture d'un précoce anévrysme, peut-être.

J'étais sauvé! sauvé! oui.

Mais — *oh! l'horrible secret va s'échapper de mes lèvres!* — mais avant d'aller à l'enterrement du *mioche* angélique, si prématurémemt réclamé par le ciel, je voulus me faire faire la barbe.

Mon valet de chambre qui pleurait comme un

fleuve, l'imbécile! se mit en devoir de me raser, et faillit même, dans son trouble, me couper le cou, ce qui, le cas échéant, m'eût fait croire à la Providence...

Il me rasa donc, et alors... le secret me brûle, broie mon cœur, Petersfield... et je vais vous le dire tout surnaturel qu'il puisse être, tout impossible qu'il vous paraîtra... En m'approchant du miroir pour juger de l'œuvre de mon domestique, je vis, spectacle atroce, je vis
— Harry!...

Harry! lui! ses cheveux follets d'un blond pâle, dressés sur son front livide et ruisselant. Il me regardait avec les prunelles vertes, phosphorescentes, du chat qui supplie...

Oh! quelle profonde et intense horreur je ressentis de l'orteil à la nuque! Quelle horreur sans bornes! J'en riais! je m'évanouis.

Les jours se passèrent, s'accumulèrent, et quelles journées, quelles journées abominables!

Toujours, toujours, dans chaque objet brillant, partout, ô délirante souffrance, je le revoyais, lui, les cheveux droits sur son crâne violacé, avec ses grands yeux métalliques, chatoyants, et si suppliants, oh! si suppliants!...

Docteur, vous êtes de mon avis. N'est-ce pas qu'il vaut mieux être mort que de se sentir, jusqu'à la moelle figée des os, pénétré d'une terreur aussi innommée?

Les apparitions devenaient de plus en plus fréquentes. Chaque surface polie vers laquelle, fatalement, se dirigeait mon œil hagard, évoquait ce fantôme sans pitié, d'abord confus, puis plus distinct, avec sa tête terrible et suppliante.

Pourtant je crus voir un terme prochain à mes insupportables maux. Évidemment ma tête ne pouvait s'être remise si vite de l'excitation surhumaine qui avait présidé à l'accomplissement de mon œuvre de mort. La rétine conserve pendant de minimes fractions de temps l'impression des objets qui l'ont vivement frappée. Mon cerveau, semblable à l'œil, devait se souvenir longtemps encore. Ce qu'il fallait éviter, c'était de provoquer involontairement le retour de l'affreuse sensation. Tout était là. Et comme les surfaces miroitantes étaient les seules qui parussent douées de cette inconcevable propriété, je les supprimai chez moi.

Tout y devint mat. Vous le savez. Vous en étiez surpris.

Je ne conservai, dans un cabinet secret, qu'une glace immense, dans laquelle je pouvais me voir des pieds à la tête.

Ce miroir était recouvert d'un lourd rideau de drap.

Tous les trois mois, rassemblant en mon cœur les restes de mon orgueilleux courage, je me rendais dans ce cabinet, je contemplais froidement le rideau.

Puis, soumise à une attraction qui dépassait, en intensité, en avidité, celle des plus forts aimants, ma main s'avançait lentement, mais toujours, vers le rideau impénétrable.

De lancinantes douleurs, comme des coups de scalpel, se glissaient, en ce moment, au plus profond de mon âme crispée, et la hachaient. J'entendais grossis outre mesure le flux et le reflux de mon sang dans ses conduits distendus.

Enfin, *il le fallait;* je sentais que je ne pouvais plus résister. En vain je me cramponnais à un reste de raison..., *il le fallait*, et je soulevais le drap sombre, un peu d'abord, très-peu.

La glace m'apparaissait polie comme de l'acier, luisante comme un lac tranquille, aux rayons de la lune, et déserte... J'écartais le rideau davantage, et *je le voyais !*

Je le voyais, les yeux étincelants, suppliants, oh ! si suppliants !... et ses cheveux blonds, pâles, comme de grêles épis dans un champ noirâtre, se dressaient sur son front livide.

Souvent, je restai pendant des heures, anéanti, au pied du miroir sans pitié.

Peu à peu, pourtant, l'hallucination devint moins vive, moins perçante. A chaque nouvelle expérience, l'image apparaissait moins distincte. Je me crus guéri.

L'amour vint et acheva ce que le temps avait commencé de faire.

Nelly ! oh ! mon âme est bien brisée en écrivant ce nom adoré ! — Nelly m'aima. Je me prosternai devant elle. Oh ! Nelly !

Ma Nelly bienfaisante, mon bouclier, le seul remède à mes douleurs inouïes ! adieu !

Que je l'aime !

Grâce à son influence calmante, le spectre aux regards navrants disparut tout à fait.

— « Le sang s'en va de mes mains, » eût dit lady Macbeth à ma place.

Pauvre Nelly! Dans un instant, mon crâne sera réduit en fragments par cette petite boule de plomb. Oh! Nelly! Nelly! votre amour m'a été fatal; et moi qui espérais, conduit par vous, remonter là-haut plein de foi, purifié, pardonné... Oh! Nelly, adieu!

Hélas!

Docteur, la fin de cette confession vous est due, et je vais l'écrire, bien que ma main se refuse à tracer les lettres.

Ce soir, ce soir même, mon vieil ami, tout à l'heure, écoutant sans frémir l'orage qui semait la terreur dans les environs, assis près de la fenêtre, et regardant les dernières lueurs du jour mourir sur les collines, je caressais les blonds, les splendides cheveux de Nelly; elle dormait, la tête sur mes genoux. La chère créature était accablée par l'électricité répandue dans l'air.

Moi-même, malgré mon profond mépris pour les phénomènes météorologiques, j'étais ému, tourmenté.

Sur mon ordre, la domestique apporta de la lumière, puis se retira.

Réveillée brusquement par l'arrivée de cette

fille, Nelly ouvrit ses grands et magnifiques yeux, et me sourit.

Leur éclat humide me rappela une affreuse chose. Je lui pris la tête dans mes deux mains, et je plongeai profondément mes yeux dans ses yeux limpides, limpides et miroitants comme ceux des enfants.

Ah ! — ... les cheveux hérissés, la face injectée d'une teinte plombée, violette, avec des yeux suppliants..., je le revis, lui, Harry, lui ! dans les yeux de ma maîtresse !

. . . .

Il faut mourir. Adieu, docteur.

. . . .
. . . .

Joë Glass.

LE TÉLÉGRAMME

A PH. BURTY

I

Il n'était pas bien loin de minuit lorsque P***, le plus ancien des habitués de la maison dans laquelle nous nous trouvions réunis, termina, par un dénoûment inattendu, le récit d'une de ses aventures de voyage.

Bien avant cette heure qui voit généralement l'intimité s'établir, entre invités, d'une façon si complète et si charmante, les indifférents, les gens « répandus dans le monde, » modernes traîneurs de salons qui ont remplacé les coureurs de ruelles du temps passé ; papillons en habit noir, gantés de frais, bien vernis, bien peignés, corrects du claque à la bottine en un mot, qu'attire chaque soir dans deux ou trois réunions différentes la lumière des bougies, s'étaient retirés un à un, avec une discrétion parfaite.

Nous n'étions plus qu'une dizaine de très-vieux amis autour de la cheminée, dans le salon de notre hôte, L. de S***, ce poëte de beaucoup de talent, que les journaux parisiens d'il y a trois ans ont tué et enterré si galamment, entre filets, dans leurs colonnes éplorées.

L. de S*** ne s'en portait pas plus mal; au contraire !

Il l'avait récemment prouvé en unissant à son sort celui d'une adorable jeune fille. Et c'était à la deuxième réception du nouveau ménage, revenu d'une excursion à l'étranger, que nous assistions ce soir-là.

Un instant de silence, pendant lequel chacun médite ce qu'il vient d'entendre, succéda au flux de paroles émouvantes du narrateur que nous avons nommé plus haut.

Puis L. de S***, souriant et interrogeant de l'œil le gracieux compagnon d'existence qu'il s'était donné — « pour le bien et pour le mal » — comme disent les Anglais, demanda la parole à son tour, pour un fait personnel.

La question n'avait pas besoin d'être mise aux voix, et personne n'ayant proposé un amendement quelconque au paragraphe, notre hôte, après avoir allumé une cigarette, commença comme il suit :

II

« Il y a trois ans, un soir de mars, en rentrant chez moi, je trouvai une dépêche télégraphique qui avait couru, comme toujours, après moi, pendant une bonne partie de la journée. Elle était envoyée de Strasbourg.

Ce télégramme — en langue nègre à l'usage des blancs — m'apprenait qu'un acteur de ma connaissance, un Buridan de province, parfaitement *décavé* à Bade, se trouvait, par suite de circonstances qu'il ne pouvait m'expliquer dans une dépêche, interné dans un des hôtels du chef-lieu du Bas-Rhin.

Il me priait de lui envoyer immédiatement une somme d'argent destinée à le libérer.

Dieu merci ! ce n'était qu'une question de billets de banque ! Ces missives électriques ont toujours un air si mystérieux, qu'on ne peut s'empêcher d'avoir le cœur serré en les recevant.

En y réfléchissant, je pensai qu'il était bien tard pour envoyer, le jour même, ce que mon ami l'acteur me demandait de lui mettre à la poste. D'un autre côté, jouissant de beaucoup de liberté et de quelque argent, je trouvais qu'un petit voyage à la frontière — l'occasion fait le wagon — tout en ne m'étant pas désagréable, me permettrait d'arriver plus rapidement qu'une lettre à l'hôtel où mon ami allait peut-être se voir réduit comme Jacob à servir pendant sept ans un Laban alsacien.

Cette dernière considération me détermina à partir le lendemain, dès l'aube. Et « je bouclai » à l'instant « ma valise, » — comme on disait dans les romans d'autrefois.

Le lendemain, à peine l'Aurore aux gants paille eut-elle entr'ouvert les portes de l'Orient, le train express n° 9 m'emporta vers le Rhin, ce Pactole qui roule des légendes, dernières paillettes d'or de notre siècle de prose.

Débarqué à Strasbourg, à sept heures du soir, je me fis immédiatement conduire à l'*Hôtel des voyageurs*. Mon ami le comédien m'avait indiqué cette adresse.

Mais quelle fut ma vaste surprise en apprenant, des lèvres anciennement roses de la maîtresse de l'hôtel, que Z — je l'appellerai Z pour la commodité du récit — avait disparu, depuis le matin, en compagnie d'un impénétrable mystère, ne laissant derrière lui qu'une lettre remplie de promesses vagues.

Au nombre de ces promesses se trouvait comprise l'annonce de l'arrivée d'une lettre chargée — la mienne probablement — destinée à solder tous les frais.

Malgré mon ébahissement, et respectant les dernières volontés de mon ami, je payai la légère somme que me réclamait la dame anciennement jolie à laquelle j'avais l'honneur de parler. Puis je demandai avec ardeur à dîner et une chambre.

Quoique assez désappointé par l'absence de celui que j'espérais joyeusement surprendre, je résolus, tout en dînant, de passer deux ou trois jours dans la patrie des pâtés de foie, de Kléber et des chaussons de feutre, puisque le destin m'y avait amené.

Après un cigare brûlé dans les rues avoisinantes, je revins me coucher dans mon nouveau domicile, le cœur saisi de la vague anxiété qui accompagne toutes les ruptures d'habitudes prises.

Onze heures sonnaient à une église lointaine.

III

L'*Hôtel des voyageurs*, situé au centre d'un quartier populeux, est naturellement entouré d'un dédale de maisons de toutes tailles, groupées dans un désordre aimable, et qui montrent, les unes après les autres, celles-ci leurs façades, celles-là le côté opposé.

Les rares fenêtres encore éclairées à cette heure avancée pour la province, formaient devant la fenêtre du troisième étage où le sort et le garçon m'avaient juché, une série de constellations bizarres, très-étincelantes au milieu de l'épaisse obscurité. La lune était je ne sais où.

La vue de ces étoiles terrestres disséminées çà et là, autour desquelles devaient graviter des mystères bourgeois sans nombre, me suggéra une idée assurément fort indiscrète, mais aussi fort tentante.

J'avais, comme dans tous mes autres voyages, du reste, emporté ma longue-vue. Je comptais la diriger, du haut de la fameuse cathédrale, sur les horizons allemands, et m'écrier ensuite, après Gœthe : « Elle est superbe cette Alsace, préparée pour l'homme comme un nouveau paradis ! » Mais une pensée moins innocente succéda à l'idée de répéter en français ce que le père de *Faust* avait écrit en allemand, et je me dis qu'imiter Asmodée et m'enquérir de ce qui pouvait bien se passer dans l'intérieur des logis dont les croisées brillaient comme des phares, était une entreprise digne d'un homme qui fait des études de mœurs.

Aussitôt pensé, aussitôt fait. Je pris ma lorgnette et la fixai impudemment sur chacun des points lumineux qui scintillaient devant mes yeux.

Cette investigation, peu délicate, je l'avoue, mais autrement intéressante que la lecture des œuvres complètes de Mably, fut féconde en résultats. Je ne vous les énumérerai pas. Le récit en pourrait parfois être des plus légers.

Soudain, un spectacle auquel je ne m'attendais guère, certes, et qui me glaça d'effroi à ce point que je laissai tomber ma lorgnette, s'offrit à ma vue épouvantée :

Dans une chambre fort pauvrement meublée, qui s'était tout à coup trouvée au bout de mon instrument, j'avais vu un homme, le col de sa chemise entr'ouvert, les cheveux en désordre, s'appliquer au front le canon d'un pistolet.

Une seule bougie éclairait cette scène trop facile à comprendre, hélas! — Le profil anguleux du malheureux qui allait se donner la mort, — je ne l'oublierai jamais! — un galbe, chose étrange, qui m'eût paru comique dans toute autre circonstance, se découpait en noir sur le fond rougeâtre de la chambre. Le canon du pistolet reluisait. Je le voyais distinctement. Un réflecteur, une glace probablement devant laquelle se tenait debout l'infortuné, inondait de lumière l'instrument de destruction.

— Il n'y a pas un instant à perdre, me dis-je, tremblant de tous mes membres.

Cependant, avide, je repris la lorgnette et regardai. J'aperçus de nouveau l'inconnu gesticulant comme un fou furieux, son arme terrible entre les doigts.

Alors, perdant la tête à peu près, je poussai un long cri, en me penchant par la fenêtre, comme pour détourner l'attention du suicide. Il me sembla qu'il regardait dans la direction d'où venait cette soudaine clameur; mais, revenant à son œuvre sombre, je le vis armer un second pistolet.

Une poignante angoisse me saisit en ce moment à la gorge et au cœur, et, sans réfléchir à l'inutilité de mon action, mais n'écoutant que la voix pressante et terrifiée de mon humanité qui me criait sans relâche : Sauve-le ! je descendis quatre à quatre, tête nue, les escaliers de l'hôtel, et, sans rien dire au garçon de garde, je me précipitai dans la rue, au hasard.

Où courais-je ? Je n'en sais rien ! Il m'était aussi difficile de trouver dans cette ville que je n'avais jamais visitée, non-seulement la rue, mais encore la maison où s'accomplissait l'affreux drame, que de deviner le moment précis de ma propre mort.

IV

Néanmoins, je me mis à courir de toutes mes forces, sans but, devant moi. Ce qui devait naturellement arriver arriva. Au bout d'un instant, je donnai tête baissée dans la poitrine heureusement rebondie de l'unique passant, — voyez ma chance ! — qui suivait le même trottoir que moi, en sens inverse et d'un pas lent.

— Nom du diable ! hurla-t-il, arrêtez !

Et continuant de jurer, il m'empoignait au collet.

— Sacrebleu, lâchez-moi ! Il va se tuer, f...! mais lâchez-moi donc ! criai-je.

— Il va se tuer ! répliqua en devenant tout pâle l'individu gros, court et d'âge mûr que j'avais bousculé.

Notre rencontre avait eu lieu sous un bec de gaz dont la clarté jaune me permettait d'observer, malgré le désordre de mon esprit, l'allure et la tournure de mon interlocuteur.

— Oui ! à l'instant, répondis-je. Un pistolet... Il va se tuer ! C'est horrible ! Lâchez-moi !

— Mille millions !... Non, je ne vous lâche pas. D'ailleurs, ajouta le gros individu, il m'a donné jusqu'à demain matin. Nous avons encore quatre heures jusqu'au jour. Venez, monsieur ; nous le sauverons. Il ne se tuera pas !

— Mais, continuai-je avec précipitation, acceptant dans mon trouble excessif l'à-propos de l'imbroglio qui s'établissait, sans faire aucune attention à son absurdité, je vous le répète, monsieur, il a un pistolet armé dans la main ; je l'ai vu. Courez donc !

— Je vous dis que nous arriverons à temps. Tenez, lisez sa lettre... sacristi !

Au moment où je prenais la lettre qu'on me tendait et me disposais à la lire, j'entendis le bruit d'un pas de course derrière moi ; puis en moins de temps qu'il ne m'en faut pour vous le dire, mes chers amis, je fus aveuglé et bâillonné au moyen de linges, de mouchoirs, de je ne sais quoi.

— Pas peur, pas mal, me dit-on.

Et l'on m'entraîna ou plutôt on me porta je ne sais où, malgré les coups de pied et les coups de poing que je lançais au hasard.

Pendant qu'on m'enlevait de la sorte, j'entendis jurer et sacrer le gros monsieur auquel j'étais dérobé si brusquement. Sa voix se perdit bientôt dans l'éloignement.

Au bout d'une minute de course environ, mes porteurs, car ils étaient deux, ces larrons, un à ma droite, l'autre à ma gauche, me hissèrent dans une voiture de maître. Du moins à la douce odeur qu'elle exhalait, au froufrou soyeux de mes vêtements contre les coussins, à la mollesse de ceux-ci, enfin, je la jugeai telle.

Sans être téméraire, je ne suis pas peureux. D'ailleurs, on continuait de m'assurer que c'était uniquement pour mon bien qu'on m'enlevait. Aussi, je me tins tranquille. Enfin, je n'étais pas plénipotentiaire, et nous n'étions pas en 1799.

La voiture roula longtemps. A un certain instant, au bruit particulier des roues, il me sembla qu'on traversait un fleuve sur un pont. Chose singulière, le Passage du Rhin, de Boileau, me revint en tête et je me demandai si l'on allait me faire enfin connaître le pied du mont Adule.

Après une longue heure de marche, les gens qui m'avaient capturé me firent descendre de ma prison préventive à quatre roues, et m'introduisirent, après m'avoir fait traverser un jardin dont l'odeur me fit du bien, dans un appartement quelconque. L'atmosphère très-parfumée et tiède qui caressa mon visage, l'épaisseur des tapis que je foulais, m'indiquèrent suffisamment que si j'étais arrivé dans la caverne du capitaine de mes deux voleurs, ce capitaine devait payer au moins vingt mille francs de loyer.

Cette idée consolante chatouillait agréablement mon amour-propre, car il est dur d'être traîné chez les premiers filous venus; lorsqu'on m'abandonna, seul, mais toujours bâillonné et toujours frappé d'une cécité temporaire, dans la riche caverne où j'avais été en quelque sorte déposé comme un colis de prix.

V

Immobile, légèrement hébété, on l'aurait été à moins, je me tins coi à ma place, attendant les événements, sans trop avoir conscience de ce j'étais appelé à devenir.

Les événements ne se firent pas attendre du

tout. Mais, *ô altitudo !* ils se manifestèrent sous la forme de soufflets très-bien appliqués sur ma figure, ne vous déplaise, accompagnés de coups d'ongles violents, le tout entouré d'un assortiment de paroles véhémentes, prononcées dans une langue qui est familière à mon bottier, et que je supposai être de l'allemand de femme irritée.

On m'arracha mon bandeau avec rage, et je me vis au milieu d'un vaste salon richement décoré, qu'une petite lampe de forme antique, en bronze, posée sur une table, éclairait faiblement. Une dame fort jolie, blonde au suprême degré, en peignoir garni de valenciennes, — joli costume pour un exécuteur des hautes et basses œuvres, — se tenait roide devant moi, la main levée, la bouche énormément ouverte malgré sa petitesse.

La plus extrême surprise, l'étonnement le plus inouï étaient peints sur son front.

Quant à moi, idiot, je l'admirais. Le sang coulait tout doucement sur mes joues déchirées.

— Ce n'est pas lui ! articula-t-elle enfin en français rugueux.

Et sans ajouter un mot, prenant la lampe,

elle se sauva brusquement. Je restai dans une nuit profonde.

Sans penser même à ôter mon bâillon, je me laissai tomber sur le tapis, philosophiquement, et là, affectant la forme d'un angle droit, les jambes étendues, je me plongeai dans un tourbillon de réflexions saugrenues. Mon cœur allait son petit train, pendant ce temps-là, je vous assure.

Au bout d'un laps de temps, que je n'ai jamais pu arriver à déterminer, la porte par laquelle, probablement, j'étais entré, s'ouvrit doucement, et la voix que j'avais entendue dans la voiture et dans la rue, me dit encore une fois, avec l'accent d'un perroquet qui serait devenu bandit:

— Pas peur, pas mal, venez!

J'obéis machinalement. On me remit mon bandeau sur les yeux. Je traversai de nouveau les appartements et le jardin. Bref, je me retrouvai dans l'équipage qui m'avait apporté. Il ne recula pas, comme le flot classique, épouvanté par ma figure, dont la pâleur était rayée de filets sanglants longitudinaux, et qui ressemblait par là au pantalon des planteurs américains, ou des soldats de la République, en Égypte.

Le cocher toucha. La voiture s'ébranla. Après

un nombre de tours de roues que je n'ai pas calculé, elle s'arrêta.

— Descendez. Pas peur. Pas mal. Bonjour!

Je descendis rapidement, muet, la tête en feu. La fraîcheur de l'air me saisit tout à coup.

VI

Quand j'eus ôté mon bandeau, je vis, au loin, la voiture qui détalait au grand galop de ses chevaux. L'aube, en déshabillé de mousseline blanche vaporeuse, tâtait déjà de son petit pied frileux le gazon humide des collines.

Grâce aux lueurs naissantes du jour, je fis cette autre découverte que l'on m'avait amené au pied d'un tombeau carré, de forme antique, supporté par un piédestal entouré de bornes en granit, réunies par des chaînes en fer. Quelques taillis, çà et là, formaient une ceinture roussâtre autour de ce monument.

Mes connaissances en photographie me firent immédiatement présumer que j'étais en présence d'un monument élevé au général Desaix, dans une des îles du Rhin, et que les vues stéréoscopiques reproduisent souvent.

En opérant ces constatations, j'avais dénoué le mouchoir placé sur ma bouche. Celle-ci était douloureuse, particulièrement aux angles. Dame! au dix-neuvième siècle, on n'est plus habitué à la poire d'angoisses.

Comme je me retournais pour examiner plus attentivement l'endroit dans lequel ma belle étoile m'avait placé, j'entendis le roulement d'une voiture. Il cessa brusquement. Et sur une portion de la route qui longeait, à vingt pas devant moi, l'île des *Épis* où je me trouvais, j'aperçus trois messieurs boutonnés jusqu'au cou. Deux d'entre eux, s'avançant rapidement vers moi, me saluèrent poliment. Ils avaient l'air grave. Sous les pans de la redingote de celui qui ôta son chapeau le premier, passaient les pointes blanches de deux épées. L'autre portait une boîte en palissandre, à coins de cuivre.

— Voyons, me dirent-ils, quand nous fûmes à portée de voix, et en regardant de tous les côtés comme s'ils s'attendaient à trouver d'autres personnes avec moi, voyons, faites des excuses : le baron tire très-bien, vous êtes un homme mort.

Je leur répondis, d'abord, qu'ils eussent à me laisser tranquille ; que je n'avais pas d'excuses à faire ; que je n'avais pas dit une parole depuis quatre ou cinq heures ; que, par conséquent, je n'avais pu blesser personne. Enfin, j'allais leur démontrer, avec une lucidité extrême, qu'il s'établissait un quiproquo, que l'absence d'armes et de témoins de mon côté devait rendre plausible, lorsque le personnage appelé le baron, contrairement à toutes les lois acceptées en pareilles matières, se mêla de cette façon pacifique à notre conversation :

— Nous étions tous les deux gris, hier, au théâtre, soit. Mais je vous ai donné deux soufflets — la marque en est encore sur votre figure.

— Vous m'avez demandé raison. Me voici. Je ne sais pas si vous êtes mon homme, mais je sais que vous autres Français vous êtes tous les mêmes, le verbe haut, l'épée basse ! Entendez-le comme vous le voudrez.

Cette grossière provocation, jointe à l'état de surexcitation excessive où mon cerveau se trouvait être depuis la veille, me fit perdre toute raison. Je m'élançai sur lui. Bref, séance tenante, nous nous battîmes.

Un joli coup d'épée dans les côtes fut le prix de mon chevaleresque plaidoyer en faveur du courage français. Tombé, évanoui, sur l'herbe mouillée, je me réveillai dans la chaumière d'un paysan qui, en cette affaire malencontreuse, m'avait servi de témoin, en compagnie d'un facteur rural. Ils passaient tous les deux sur la route au moment de la dispute.

Je restai un mois et demi au lit.

C'est à cette époque, continua L. de S***, que les journaux de Paris annoncèrent ma mort en Allemagne, et me proclamèrent du coup le plus grand poëte du siècle.

Après deux mois de souffrances je revis la capitale.

VII

Ma valise et ma lorgnette, sur l'abandon desquelles vous ne vous êtes pas assez apitoyés, me furent renvoyées, sur ma demande, à Paris. Mais aucune nouvelle, touchant mon aimable ami Z***, ne me parvint.

Cependant, j'étais dans un état de faiblesse extrême. Mon docteur, voulant me faire décerner, le plus tard possible, les couronnes de l'immortalité, me prescrivit un long séjour en Afrique.

Je n'avais plus précisément la passion des voyages. Le souvenir du suicidé de Strasbourg mettait un sage frein à la fureur de mes désirs. Néanmoins, je sentais que quelques mois de soleil sans nuages me remettraient sur pied rapidement.

Je partis donc, toujours avec ma valise et ma longue-vue, pour Alger.

> « Alger, la chaude Alger, la ville qui descend
> Comme un troupeau serré de brebis haletantes,
> Étageant leurs toisons aux blancheurs éclatantes
> De l'azur à la mer, sur un raide versant. »

Un an après, le *Gange* me ramenait, guéri de fond en comble, sur le quai de la Joliette, à Marseille.

Sans perdre une seconde dans la ville monotone des Phocéens — (Muses, protégez-moi !) — je pris le train express du matin. J'avais hâte de revoir Paris.

Le train brûlait les rails, convenablement. On

n'était plus qu'à une quarantaine de lieues de Lyon, et déjà je me promettais un excellent déjeuner au buffet de ***, lorsque, au moment où nous traversions un passage à niveau, d'un pas plus mesuré, à cause des travaux exécutés sur la voie en cet endroit, je fixai mes regards sur quatre dames assises dans une calèche de bonne tournure, arrêtée devant la barrière du passage, en attendant son ouverture.

L'une de ces dames, blonde à l'excès, négligemment étendue, l'ombrelle sur l'épaule, appela tout de suite mon attention par la ressemblance extraordinaire de ses traits avec les traits profondément gravés dans ma mémoire de la vindicative apparition de Strasbourg, de la dame, enfin, qui m'avait accordé sa main — sur la figure — d'une façon si cruelle.

Ce ne fut qu'un éclair. Le train passa. Mais je la reconnus parfaitement. Immédiatement, je résolus de suivre jusqu'au bout le fil d'Ariane dont une des extrémités venait de m'être offerte si étrangement, et d'arriver à me retrouver dans le labyrinthe où depuis trop longtemps j'errais, fort humilié de servir de jouet au premier venu.

Fort stupéfait, on le pense bien, j'eus néanmoins la présence d'esprit d'attendre, la tête à la portière, que nous passassions devant une station quelconque, et, au moment précis, j'en saisis le nom au vol.

Assuré alors de retrouver le passage à niveau, je me rassis dans mon coin, regardé avec anxiété par mes compagnons de voyage, qui me croyaient devenu fou subitement.

On s'arrêta enfin au buffet de... Sans me donner le temps de manger, apprenant que le train omnibus venant de Lyon allait passer, je pris un billet pour la station dont le nom m'était resté en tête, laissant filer mes bagages sur Paris.

Je n'emportais avec moi que mon éternelle valise et ma lorgnette, cela va sans dire.

Au bout d'une heure de retour sur mes pas, j'atteignis la station désirée. Grâce aux indications du chef de gare, je trouvai facilement le passage à niveau. Il coupait en deux une route départementale bordée de vieux ormes. Le garde-barrière, interrogé, se rappela parfaitement la calèche et les dames que je lui dépeignis. Mais, comme il remplaçait un camarade en congé, il ne put me donner aucun autre renseignement sur elles.

— Ce sont peut-être des visiteurs récemment arrivés au château de l'Estagnac, me dit-il.

— Va pour l'Estagnac, repris-je. Où est située cette propriété?

— En suivant la route par ici, en dix minutes vous y toucherez.

Je remerciai généreusement le brave homme et, ma valise à la main, je pris le chemin du château.

Le garde-barrière ne m'avait pas trompé. Au bout d'un quart d'heure, je me trouvai devant une grille, précédée d'un saut-de-loup à sec, à laquelle aboutissait une belle avenue.

A l'extrémité de cette avenue, entre les marronniers, on apercevait le corps de logis principal d'une gentilhommière que je ne vous décrirai pas, l'architecture n'ayant rien à faire ici.

Un homme qui me tournait le dos, accompagné d'un braque magnifique, se promenait en fumant dans l'avenue.

Sa tournure semi-héroïque, semi-bourgeoise, sa démarche presque théâtrale, me rappelèrent une tournure et une démarche jadis bien connues.

Je cherchais à mettre un nom au bout de mes souvenirs ravivés, lorsque l'individu que j'examinais curieusement, le nez collé à la grille, se retourna et m'aperçut. Me prenant sans doute, grâce à ma tenue et à mon bagage, pour un visiteur embarrassé, il s'avança rapidement vers moi.

Un double cri de joyeuse surprise s'échappa de nos lèvres, quand nous fûmes à dix pas l'un de l'autre.

Nous venions mutuellement de nous reconnaître.

Un instant après, je pressais la main de Z***, ce comédien de peu de foi qui ne m'avait pas attendu à Strasbourg.

VIII

Déjà les explications et les « *Comment, c'est toi? Te voilà!* etc., » commençaient à pleuvoir comme grêle, quand, par une allée latérale, quatre dames, au milieu desquelles je reconnus tout de suite la dame du passage à niveau, débouchèrent à côté de nous.

La bizarrerie de l'expression de ma physionomie surprit et amusa beaucoup mon ami l'acteur, et, comme il lui donnait une tout autre cause celle qui la produisait, il me prit par le bras et, m'amenant devant la dame en question, laquelle ne se rappelait nullement ma figure, entrevue la nuit pendant un court instant, il lui dit :

— Ma chère amie, je te présente mon illustre ami, le poëte L. de S***, qui vient nous surprendre dans notre ermitage.

Puis, se tournant vers moi :

— Ma femme va être heureuse, mon cher, ajouta-t-il, de te recevoir de son pauvre mieux.

On me présenta ensuite aux trois autres dames, qui, prétextant les soins à donner à leur toilette avant le dîner, nous laissèrent bientôt, madame Z***, son mari et moi, libres de continuer en toute intimité les explications interrompues par leur subite arrivée.

Prié par mes amis de leur raconter comment j'étais arrivé à les découvrir dans leur retraite paisible, éclairée encore au clair de la lune de miel, je leur fis, sans en omettre une seule circonstance, le récit que vous avez eu la bonté d'écouter jusqu'à présent.

Pendant le cours de ma narration, je vis la femme de Z*** pâlir et rougir successivement; néanmoins, remuant le sable du bout de son ombrelle au pied du banc de jardin sur lequel nous étions assis, elle l'écouta sans mot dire et sans me jeter un seul regard.

Quand j'eus terminé, Z***, moitié souriant, moitié pleurant, me demanda pardon avec effusion. Il ne cessait de répéter qu'il était un misérable; que le coup d'épée devait être reçu par lui, et qu'il ferait tout son possible pour en recevoir un à ma place, à l'occasion.

Il m'expliqua que, à l'époque de mon arrivée à Strasbourg, poursuivi par des créanciers, et poursuivant le cours d'une amourette, à l'insu d'une grande dame jalouse comme tout un Bengale de tigresses, et qui l'avait honoré de ses attentions à Bade, il avait dû, pour échapper à la recherche des uns et à la surveillance active de l'autre, faire Charlemagne, comme on dit au jeu, sans m'attendre plus longtemps, et quitter l'hôtel sans laisser son adresse.

Peu de temps après, il était retourné à Bade faire sa soumission et implorer le pardon de la dame offensée. Cette dernière, devenue veuve,

tout à coup, par la mort de son mari, le baron
de Stuffel, tué en duel, avait bien voulu lui promettre sa main. En attendant la fin de son deuil,
ils étaient partis pour l'Italie. — Et nous en revenons, ajouta Z***, en baisant galamment la main
de sa femme. Nous avons acheté cette propriété,
il n'y a pas encore dix mois. Vous comprenez
alors, cher S***, qu'au milieu des apprêts du
voyage, enivré par la perspective d'un bonheur
sans égal, — je vous dois toutes ces explications,
— je n'ai pensé à vous que très-faiblement. Il y
a un an, j'appris par les journaux français reçus
à Rome votre départ pour l'Algérie. Je vous y
croyais encore, et ne sachant où vous écrire, je
remettais entièrement à la Providence le soin
de nous réunir, et de me permettre de vous supplier encore une fois de me pardonner mon
étourderie, qui a failli vous être si fatale.

IX

Je l'assurai que je n'avais conservé aucun
ressentiment de son manque de patience et de

ses suites. J'ajoutai que ce qui me restait sur le cœur de tout cela, consistait uniquement en une curiosité impatiente, non satisfaite, touchant les personnages mystérieux entre lesquels j'avais joué, sans le savoir, le rôle de trait d'union.

— Je donnerais beaucoup de choses pour savoir ce que sont devenus les acteurs du mélodrame de Strasbourg, dis-je. A chaque événement qui m'est arrivé dans cette ville du diable et aux environs, il devait y avoir une *suite au prochain numéro*. Je n'ai jamais lu ces suites et j'ai le plus âpre désir de le faire. Mais par où commencer? Comment débrouiller l'écheveau de mes aventures?

En prononçant ces paroles, je regardais en face madame Z***, dont le silence, après nos mutuelles confidences, me paraissait inexplicable.

— Mon ami, dit-elle enfin à son mari, avec effort, j'ai un aveu à vous faire. Je l'ai retardé jusqu'à ce jour, et probablement je ne vous l'aurais jamais fait, car il ne vous est pas d'une utilité particulière, mais la présence de M. de S*** me fait un devoir de la franchise. D'ailleurs, j'ai à cœur de lui faire oublier le traitement indigne qu'il a subi pour vous.

— Par Frédéric ! ma belle, que vais-je apprendre ?

— C'est moi qui ai frappé si cruellement votre ami. Je suis jalouse. Vous me trompiez. Je n'avais aucun droit sur vous, alors ; mais une femme offensée ne calcule pas. Pendant votre escapade à Strasbourg, je vous faisais surveiller, comme vous l'avez dit. Les rapports qu'on me faisait sur vous m'irritant au dernier point, mon ami, je résolus de vous infliger un châtiment duquel vous vous souvinssiez. Par malheur, j'envoyai à votre hôtel, enfin découvert, homme coupable ! deux domestiques qui ne vous connaissaient pas, munis de renseignements venus de troisième main. Selon mes instructions, ils attendirent votre sortie, à la nuit. Ce fut M. de S*** qu'ils prirent. Vous savez le reste.

Atroce coïncidence ! pensai-je.

— Ah ! madame, repris-je tout haut, il est bien heureux pour moi que je n'aie pas suivi de point en point les errements acceptés par nos meilleurs romanciers. Après un tel traitement, je devais, comme tout bon héros de roman, tomber éperdument amoureux de vous. Mon malheur serait sans égal aujourd'hui, en vous retrouvant, après trois ans d'absence, au bras de mon cher ami Z***.

— Vous avez joué à qui perd gagne, riposta madame Z***. Vous perdez un mauvais souvenir, je l'espère, et vous trouvez un ami qui fera tout le possible pour vous rendre heureux, dans la mesure de ses moyens. Vous parliez tout à l'heure d'arracher à tout prix le mot de l'énigme au sphinx. Eh bien, je crois pouvoir vous donner déjà, sinon le mot tout entier, du moins sa première syllabe.

— Comment cela ? nous écriâmes-nous, Z*** et moi.

— Dans la voiture qui vous amena chez moi, on a ramassé un chiffon de papier, une lettre d'amour...

— Une lettre d'amour ?.. Non. Ah ! j'y suis. En effet, au moment où on m'enleva, je tenais à la main la lettre du gros inconnu.

— Cette lettre, elle est en ma possession.

— Toutes les *ficelles* sont dans la nature, dit en riant Z***. Va chercher la lettre.

Madame Z*** nous quitta.

X

Z*** me regardait avec tendresse.

— Comme nous allons te soigner ici, mon brave ami ! J'ai une cave, depuis que j'ai abandonné les planches, une cave ! ah ! tu m'en diras des nouvelles.

— Hélas ! mon cher ami, je ne bois que de l'eau rose. En outre, et tu me permettras pour cette fois de ne pas abuser de ton invitation, je compte, si la lettre de madame Z*** me fournit une indication sérieuse, la suivre immédiatement. Je veux avoir l'esprit satisfait sur toutes mes aventures invraisemblables.

— Quel malheur ! s'écria piteusement l'ex-comédien ; le *Château-d'Yquem* n'est plus un mythe pour moi, et je pensais bien..... Mais que ta volonté soit faite ! Voici ma femme qui revient, triomphante et légère comme une daine.

Madame Z*** tenait la lettre entre ses doigts gantés. Elle me la tendit. Je la pris avidement et la parcourus — enfin !

Adressée à une demoiselle Aline Schwartz, cette lettre, écrite par un amant qui ne signait pas dans le paroxysme d'un désespoir touchant, était à la fois une prière et une menace. On suppliait la jeune fille de s'enfuir. On lui limitait le temps. Bref, on annonçait la résolution bien arrêtée de se tuer au point du jour, si, pendant la nuit, aucune nouvelle n'apportait l'espérance à celui que « des parents barbares » refusaient d'accepter pour gendre.

— Plus de doute, interrompit Z***, le suicidé de Strasbourg et le rédacteur de cette missive ne font qu'un. Un hasard des plus extraordinaires, mais en ce monde, il n'y a rien de plus ordinaire que l'extraordinaire, t'a fait rencontrer le père de mademoiselle Aline à l'instant où, prévenu par sa fille éplorée, il se rendait avec calme au domicile du jeune écervelé.

— C'est très-possible, répondis-je. En tout cas, je vais sur-le-champ m'en assurer. Dans huit jours, si quelque accident nouveau ne m'arrête, nous saurons le dénoûment de cette histoire.

— Vous le saurez, ajouta gravement madame Z***. Dieu s'est servi de vous comme d'un ouvrier. Votre travail lui était indispensable. Ce n'est pas vous qui deviez en retirer le fruit. C'étaient d'autres créatures : mon mari, moi, que sais-je? Mais, ayez confiance, votre tour va venir. Le gain de vos efforts, la récompense de vos peines vont vous être bientôt peut-être accordés. Le bonheur, c'est le salaire de la vie. Et plus cet argent divin se fait attendre, plus sa valeur devient exquise.

— Je vous crois, madame, répondis-je. Je me déclare déjà bien payé si j'ai pu sauver la vie d'un de mes semblables et assurer à jamais la félicité de deux cœurs comme ceux qui font en ce moment les plus sincères souhaits pour moi, en échange de mes adieux.

Le soir même, je quittais l'Estagnac.

Je pris langue à Paris pendant douze heures, puis je fus emporté encore une fois, mais dans de bien autres dispositions, sur la route de l'Allemagne, par les wagons de la compagnie de l'Est.

Descendu à *l'Hôtel des voyageurs*, dois-je le dire, avec ma valise, mais sans ma lorgnette cette fois, j'interrogeai fiévreusement la dame — toujours anciennement charmante — qui continuait à tenir ce caravansérail bas-rhénan.

— Nous avons bien cinquante Schwartz à

Strasbourg, répondit-elle à ma question principale.

— Aïe!... Envoyez-moi chercher un commissionnaire.

Cet industriel s'étant présenté bientôt, je le chargeai de me découvrir dans sa ville natale un monsieur Schwartz, père d'une fille du nom d'Aline. Tâche ardue ! Mais avec du bel argent de France, que n'obtient-on pas !

Le lendemain, en effet, mon commissionnaire juré entra chez moi à l'heure du souper, et m'apprit qu'il avait ès mains l'adresse indiquée.

Sans me laisser arrêter par la bagatelle d'un potage digne du baron Brisse, je me levai, décidé à suivre le commissionnaire au bout du monde.

XI

Nous n'allâmes pas si loin que cela. M. Schwartz demeurait et demeure encore sur la place Kléber. Il dînait. Je le fis demander. Il accourut dans le salon, où l'on m'avait introduit.

— Que me voulez-vous, monsieur?

— Monsieur, je suis le maladroit qui vous donna un si furieux coup de tête dans l'estomac, il y a trois ans, une certaine nuit...

— Vous êtes!... Mille serpents à sonnette, entrez donc. Comment, c'est vous?... Vingt-cinq chiens!...

Entraîné par M. Schwartz, qui n'avait pas maigri, ce qui me mit du baume dans l'âme, je pénétrai dans une vaste salle à manger.

Trois personnes se trouvaient à table.

Deux dames, d'âges différents, mais de grâces égales, et un monsieur blond, joufflu, de mine gaie.

— Mes enfants, s'écria M. Schwartz, voici le monsieur dont nous avons parlé tant de fois. Asseyez-vous donc, cher monsieur... monsieur qui?

— L. de S***

— Un poëte! Nous lisons vos romans. Monsieur L. de S***, voici ma fille aînée, Aline, voilà son mari, Henri Sutter. Quant à cette petite fille, c'est Agnès, ma chérie. Trente-cinq blaireaux!... Servez-vous donc... Par le diable à trois cornes! monsieur, regardez votre ouvrage. Sans vous, ce joli monsieur se logeait une balle dans le crâne.

— Monsieur Schwartz, je suis stupéfait, dis-je enfin. Je crois rêver. Je vous reconnais bien, mais par tout ce qu'il y a de plus sacré, je déclare que monsieur, et je montrais le jeune Sutter, n'a ni les traits bizarres, ni la tournure anguleuse de l'homme que j'ai vu s'appliquer un pistolet sur le front.

Quatre cris d'étonnement accueillirent cette déclaration inattendue.

— Je le répète, ce n'est pas M. Sutter qui m'a si violemment ému pendant la nuit de mars que nous connaissons tous.

— Étrange !

— En effet, dit M. Sutter, car je n'ai pas eu de pistolet en main ; mon beau-père, fort troublé du reste, s'étant présenté chez moi bien avant le jour, moment fixé irrévocablement par moi pour abandonner la terre. Je ne me suis pas exercé au suicide.

— Voilà qui est bien singulier, repris-je. Il est évident de toutes les façons que je ne vous ai pas vu. Mais qui peut être, qui pouvait être l'infortuné qui s'est suicidé ? N'avez-vous pas entendu parler d'aucune mort de ce genre, le lendemain, dans Strasbourg ?

— Non, dit M. Schwartz. Un homme a été tué en duel le lendemain, voilà tout. Un baron de Steupfel, de Seuffel, je crois, un ivrogne séparé de sa femme, un mauvais drôle.

— Stüffel ? interrogeai-je.

— Oui. On l'a trouvé mort dans l'île des Épis, au pied du monument de Desaix.

Mon émotion fut grande ; je pâlis.

— Qu'avez-vous ? me dit M. Schwartz.

Alors je racontai de point en point mes aventures à la famille étonnée. Je lui appris de cette façon comment j'avais été mis sur ses traces providentiellement. En même temps je restituai à madame Sutter la lettre que m'avait rendue madame Z***.

Mais le souvenir de cette dernière me fit frémir. Je n'avais point tué son mari, puisque le pauvre défunt m'avait blessé ; mais je pensais en moi-même que peut-être le bonheur qui l'avait secondé dans sa lutte avec moi, lui avait fait défaut, à son second combat, avec l'homme qu'il avait souffleté au théâtre. Son bras, fatigué d'un premier triomphe, n'avait pas eu sans doute la force de soutenir un second assaut. Ainsi, j'avais été la cause probable du veuvage de madame de

Stüffel, et les dernières paroles de celle-ci me revinrent en mémoire.

La cordialité de la réception des Schwartz chassa cependant ces images, et quoiqu'il me restât encore un mystère à approfondir, je soupai assez tranquillement, fêté par une famille au bonheur de laquelle je n'avais contribué que pour peu de chose, à savoir la salutaire rapidité que ma terreur avait imprimée aux actes réfléchis de son chef.

Je restai une douzaine de jours au milieu de ce paradis terrestre, me grisant de repos et prenant des habitudes de bonheur dont la saveur me paraissait d'une douceur singulière, privé que j'en étais depuis trois ans.

Que vous dirai-je ?

La félicité qui m'était réservée au bout de ma route pénible, selon la croyance de madame Z***, se présenta enfin de la façon la plus gracieuse, sous les traits doux d'une enfant de dix-huit ans.

Plusieurs d'entre vous, mes amis, ajouta L. de S*** en terminant sa narration bizarre, ont déjà deviné, rien qu'au nom de M. Schwartz, le dénoûment très-simple de mon second voyage à Strasbourg. La seconde fille de M. Schwartz, par une claire soirée d'avril, daigna mettre sa petite main dans la mienne, et c'est elle qui a eu le plaisir de vous servir le thé ce soir, dit notre hôte en souriant à sa femme; après quoi il reprit :

Madame Z*** ne s'était point trompée. — *Credo!*

XII

— Allons, allons, S***, demandâmes-nous avec une touchante unanimité, donnez-nous sans plus tarder la clef du logogriphe; ne nous faites pas languir. N'avez-vous jamais rien appris au sujet du suicidé de Strasbourg?

— Il y a huit jours, je n'aurais pu vous répondre, mes très-chers ; je n'en savais pas plus long que vous en ce moment. Mais avant-hier, en attendant dans le salon de Carjat le moment de placer ma tête devant son objectif intelligent, je me mis à feuilleter des albums éparpillés sur les tables.

Soudain, entre Arsène Houssaye et Daumier, au milieu d'un passe-partout rempli de photographies, je trouvai le portrait frappant de l'inconnu au profil comique, dont les gestes sinistres m'avaient bouleversé si rudement à Strasbourg.

— Carjat! m'écriai-je, vite, une explication. Quel est le nom de ce sphinx en paletot? Que fait-il? Vit-il encore?

— S'il vit! répliqua notre ami de la rue Pigalle, je le crois bien. Il joue à la Porte-Saint-Martin en ce moment. C'est A..., un acteur bien amusant, va.

Sans daigner répondre autre chose à Carjat, étonné, que ces simples mots : — Je viens de trouver l'X d'une équation très-compliquée, je pris mon chapeau et sortis immédiatement.

Une voiture me conduisit en dix minutes chez Gustave Lafargue, le secrétaire de la Porte-Saint-Martin. Je le priai de me présenter à A...

— Il répète justement aujourd'hui, mon cher, répondit Lafargue. Allons sur la scène. Je suivis le plus obligeant des secrétaires, et il m'amena devant A...

— Monsieur, dis-je à ce dernier, ne vous souvenez-vous pas d'une certaine nuit de mars, à Strasbourg, où vous vous mîtes sur la tempe un pistolet armé?

— Qui vous a dit cela? répliqua l'artiste frissonnant et pâlissant.

— Je vous ai vu, au moyen d'une lorgnette, de la fenêtre de mon hôtel.

— Ah !... ne parlons pas de cela, monsieur, dit l'acteur en m'entraînant à l'écart ; ne parlons pas de cela. C'est un de mes mauvais souvenirs. Je me croyais destiné à jouer les premiers rôles du drame ; *j'essayais un effet, ce soir-là,* pour le lendemain. Le public ne m'a pas apprécié à ma valeur... je fus... sifflé. Vous comprenez que je n'aime pas à me rappeler ce moment fatal.

— C'est ainsi, poursuivit L. de S***, que la lumière se fit dans mon esprit. Cet épilogue de mon roman m'ôta un joli poids de dessus le cœur ; et, après avoir promis à l'acteur A... de lui raconter les nombreux incidents de mon existence depuis ma visite de Strasbourg, nous échangeâmes une cordiale poignée de mains, et nous nous séparâmes.

Maintenant, mes amis, vous pouvez demander « la clôture, » comme on crie à la Chambre, dit en riant L. de S***.

1867.

PRÈS DES YEUX, LOIN DU CŒUR

A CLÉMENCE D'H...

I

Tels deux Peaux-Rouges ennemis, lorsque la hache de guerre est déterrée, marchent, la narine frémissante, l'oreille tendue, l'œil en arrêt, sur la piste sanglante, à travers les vertes ténèbres des bois américains, en caressant l'aimable espoir d'orner bientôt la perche de leur wigwam d'un nombre flatteur de chevelures fraîches ; tels, sous les arceaux pittoresques de la forêt de Fontainebleau, avec l'allure, l'ardeur, la passion indiquées ci-dessus, mais dans des intentions infiniment moins batailleuses, s'avancent à la rencontre l'un de l'autre deux hommes déjà sur le retour, et coiffés, l'un d'un chapeau de feutre, l'autre d'un chapeau de paille.

Tous deux Parisiens, savants tous deux, ces deux hommes ont condensé, depuis l'aube, dans la boîte cylindroïde peinte en vert qui tressaute sur leur dos comme le carquois d'Eros, les richesses naturelles les plus variées du département de Seine-et-Marne.

L'un, M. Bunel, est un astucieux botaniste. L'autre est un géologue plein de ruses. Il répond au nom gracieux de Vocasse.

Sans se douter aucunement de leur conjonction prochaine, les deux hommes de science errent dans les fourrés, brûlant du désir de s'illustrer par quelque découverte nouvelle.

Le jour tire à sa fin. Les arbres résineux, soumis depuis quinze heures à l'action des rayons inexorables du soleil d'août, exhalent dans l'ombre naissante leurs parfums salubres. L'air est lourd, orageux.

Non, ce n'est point, nous nous hâtons de le redire, le couteau du scalp qui étincelle au poing bronzé de M. Bunel, c'est une innocente houlette que pourrait réclamer comme son bien propre un Tityre quelconque. De son côté, M. Vocasse ne brandit pas le tomahawk emplumé; sa main étreint tout bonnement un marteau de dimensions mignonnes.

Non, encore une fois, MM. Vocasse et Bunel n'attendent pas avec impatience le moment de pousser un cri guttural en apercevant enfin le chignon d'un guerrier longtemps poursuivi, au-dessus d'une touffe de sassafras, et cependant ce cri guttural s'échappe de leurs bouches, et cependant leurs yeux brillent d'un feu violent, sauvage, inextinguible, lorsque, nez à nez, et chapeau de paille à chapeau de feutre, au sortir des taillis, les deux savants se rencontrent au milieu d'une clairière dont la mousse est zébrée encore de raies lumineuses.

Au cri guttural succèdent alors des apostrophes qui s'entre-choquent avec le bruit haineux de deux lames d'épée croisées dans un duel à mort.

— Monsieur! s'écrie le chapeau de feutre, l'index tendu vers un point obscur du sol.

— Monsieur! riposte avec le même geste le chapeau de paille.

— *Il* est à moi, reprend le chapeau de feutre,

tandis qu'un rire de triomphe se fait entendre sous ses bords frustes.

— Je *la* garderai, s'il vous plaît! réplique le chapeau de paille avec un amer sifflement.

— Non! — avec votre permission!

— Si! — ne vous déplaise!

Pendant que M. Bunel (le chapeau de paille), et M. Vocasse (le chapeau de feutre) échangent sur un ton qui passe rapidement de la basse à l'aigu, un long chapelet de paroles âcres et barbelées, disons en deux mots ce qui cause, au coucher du soleil, dans une clairière de la forêt de Fontainebleau, cette lutte orale, aussi vive qu'inattendue, entre deux hommes de science, déjà sur le retour.

L'objet de leur différend — objet androgygne si nous en croyons les termes employés par les deux savants — est là qui gît à leurs pieds fébriles.

C'est une très-petite pierre que surmonte une très-petite houppe de verdure.

Rien de plus.

Mais tandis qu'en débusquant des buissons, l'œil de lynx de M. Bunel, secondé d'ailleurs par d'excellentes lunettes, découvrait dans cette houppe de verdure une mousse rare et vainement cherchée depuis un mois dans le canton, le regard de faucon de M. Vocasse trouvait avec ivresse, sous la houppette en question, un fragment de terrain *silurien*, éperdument demandé aux roches des environs, depuis un mois également.

Concurrence poignante! Débat solennel!

Un Salomon de village, appelé à mettre les plaideurs d'accord, eût tout simplement, le cas ouï, adjugé le brin de verdure au botaniste, et au géologue la parcelle minérale.

Mais cet excellent jugement aurait été reçu par MM. Bunel et Vocasse avec des cris de Triton goutteux qu'on force à danser devant le char de Vénus.

MM. Vocasse et Bunel — ô mystère de l'esprit humain! — ne voulaient, à aucun prix, entendre parler d'un partage semblable.

— Ma mousse! — et le caillou sur lequel elle a crû! disait le botaniste.

— Mon terrain silurien! — et l'herbe qu'il a nourrie! répétait le géologue.

On ne sait comment cette contestation aurait pu se terminer, et peut-être les deux savants en seraient-ils venus à souligner d'arguments contondants les phrases qu'ils se décochaient sans relâche et sans fatigue, ainsi que Roland et Olivier les coups dans leur combat suprême, si le bruit d'un coup de feu qui éclata, derrière eux, sous la ramée obscure, n'eût arraché, tout à coup, les deux savants à leur pugilat oratoire, en frappant leurs esprits d'une terreur soudaine.

II

La langue de M. Vocasse se colla, craintive, à son palais. Quant à celle de M. Bunel, inerte et comme paralysée, elle demeura sur le bord de la lèvre inférieure.

Le premier moment de stupeur passé, M. Bunel, qui ne dédaignait pas, à l'occasion, de se servir d'expressions surannées, murmura :

— Des larrons, peut-être?

— Ou des outlaws, qui sait? insinua Vocasse, oubliant, dans son trouble, que les braconniers du temps de Robin-Hood ne connaissaient guère l'usage de la poudre et des balles.

— On vole beaucoup dans les bois depuis quelque temps, fit remarquer très-négligemment M. Bunel, sûr d'atteindre au cœur M. Vocasse avec cette parole à double tranchant.

— Oui, les gens qui cherchent à dépouiller les voyageurs se rencontrent fréquemment à Fontainebleau, fit M. Bunel, joyeux d'assener cette riposte sur le crâne de son rival.

— Monsieur! s'écria M. Vocasse, frappant sur sa boîte cylindroïde, qui rendit un son caverneux.

— Monsieur! glapit M. Bunel, assurant ses lunettes d'un air arrogant.

Un gémissement profond, qui s'éleva du fond des massifs voisins, coupa court, encore une fois, au flux de paroles que les poitrines des deux savants recommençaient de vomir, plus âcres et plus barbelées que jamais.

— N'avez-vous rien entendu?

— Certainement! Un cri de douleur!

— C'est là, tout près, il me semble, dit M. Bunel, devenu très-pâle.

— Pour sûr, ce bruit mystérieux ne vient pas de bien loin, réplique M. Vocasse, dont le teint avait pris la couleur du coing crû.

— Un accident de chasse? monsieur, demande plaintivement M. Bunel.

— Oh! mon Dieu, si c'était un suicide? murmure M. Vocasse.

— Allons-nous à la découverte? poursuit M. Bunel, dont les genoux s'entre-choquent.

— J'allais vous le proposer, reprend M. Vocasse, claquant des dents.

Les deux savants, *Arcades ambo*, après avoir donné furtivement un dernier regard d'amour à la petite pierre surmontée d'une petite houppe de verdure, qui gît immobile, sur la mousse, se décident, en se surveillant mutuellement du coin de l'œil, à quitter la clairière et à s'enfoncer sous bois.

Leur recherche est couronnée d'un complet, mais fort triste succès au bout de quelques minutes.

MM. Vocasse et Bunel, après avoir décrit quelques zigzags dans les fourrés, se trouvent subitement en présence d'un corps d'homme étendu sur le gazon, la face tournée contre terre.

— Un cadavre! gémit M. Bunel, plein d'horreur.

— Chaud encore, reprend M. Vocasse, qui s'est

agenouillé, et tâte l'une des mains du malheureux qui a mis fin lui-même à de pénibles jours, ainsi que le démontre le pistolet que pressent encore ses doigts raidis.

Aidé de M. Bunel, M. Vocasse parvient à remettre sur le dos le corps de l'inconnu.

C'est un jeune homme, élégamment vêtu d'un costume de voyage de coupe étrangère. Figure agréable à contempler. Barbiche à l'américaine. Linge fin.

Entre les revers du gilet déboutonné, la chemise inondée de sang indique au botaniste et au géologue la place de la blessure.

L'étranger, — c'en est un à n'en pas douter, de l'avis des deux savants, — s'est tiré un coup de pistolet « dans la région du cœur. »

Mais le coup n'a point été foudroyant. Peut-être même la balle, — toujours de l'avis de MM. Vocasse et Bunel, — n'a-t-elle pas atteint le cœur ; mais, après avoir effleuré, çà et là, des tissus dénués de tout intérêt, au point de vue vital, elle s'est, sans doute, logée dans quelque muscle sans importance. Ce qui explique suffisamment comment l'infortuné peut encore pousser les cris sourds qui frappent leurs oreilles.

Comme pour donner raison à MM. Bunel et Vocasse, le blessé exhale un nouveau gémissement plus lamentable encore.

— Que n'ai-je des cordiaux ! dit pensivement M. Bunel, que charme cette expression démodée, et qui la répète comme un refrain, sur un petit air à lui.

— Pas une goutte d'eau seulement ! ajoute M. Vocasse indigné de ce sans-gêne scientifique.

— Si nous portions ce malheureux aux prochaines chaumines ? demande le botaniste, en examinant de plus près une graminée dont la tournure le frappe.

— Il serait mort vingt-deux fois avant d'y arriver, par Berzelius ! répond le géologue. Êtes-vous fou, monsieur ?

— Monsieur ! mugit M. Bunel, mes lobes cérébraux sont en aussi bon état que les vôtres, je pense !

— Je voudrais bien m'en assurer par l'autopsie, repart cruellement M. Vocasse, soupirant comme la brise dans les roseaux.

— Pousse-cailloux ! dit le botaniste.

— Bête à foin ! dit le géologue.

Mais les plaintes du blessé, devenues plus

pressantes, arrêtent de nouveau, sur la pente glissante, les irascibles hommes de science.

Après une seconde de sombre silence, MM. Vocasse et Bunel, laissant de côté la haine qui bouillonne dans leur sein, se décident enfin à s'occuper moins sommairement du suicidé qui râle à leurs pieds.

M. Bunel, ayant fait jurer à M. Vocasse qu'il ne profitera pas de son absence pour aller ravir à la clairière la mousse introuvable qu'ils ont découverte ensemble, se dirige vers le plus prochain village au petit trot.

M. Bunel a promis d'être de retour avec la rapidité et l'exactitude de la colombe de l'Arche ; il sera accompagné inévitablement alors d'objets de première nécessité, tels que bandes de toile, vigoureux paysans, cordiaux et civière.

M. Vocasse, esclave de son serment, s'assied sur le gazon, prend la tête du blessé sur ses genoux, et, profitant d'une dernière lueur de jour, examine avec des yeux de père divers fragments du globe qu'il a détachés dans la journée de la masse natale.

Mais cet examen plein de charme est troublé

au bout de cinq minutes environ par la réapparition de M. Bunel, fort rouge, très-essoufflé, et tenant avec précaution du bout des doigts, comme un échantillon d'ortie brûlante, un jeune villageois bouffi, qui semble implorer la clémence de son conducteur.

— Vous voyez un misérable de la pire espèce ! s'écrie M. Bunel. En vous quittant, dois-je l'avouer, je n'ai pu résister à un désir poignant. J'ai été dans la clairière regarder notre trouvaille d'aujourd'hui ; mais, horreur ! en y pénétrant, qui est-ce que je trouve, en train de lancer des pierres aux petits oiseaux ? J'y trouve ce sauvage garçon, au moment même où il envoyait dans les airs, devinez quoi ?...

— Mon terrain *silurien?* oh ! c'est effroyable ! gémit M. Vocasse.

— Hélas ! telle est la sombre vérité ! Ma mousse rare, il l'a jetée au diable ! répond M. Bunel avec abattement.

— Il mérite la mort, reprend gravement M. Vocasse. Et ce disant, M. Vocasse essuie une larme furtive qui roule sur sa joue, à la mémoire de la pierre perdue.

Pendant l'explication donnée par M. Bunel à

M. Vocasse, le jeune villageois bouffi aperçoit le corps étendu.

— Oh! fait-il, un mort! Faut aller prévenir le maire.

— Non, dit M. Bunel, mais il faut d'abord transporter ce malheureux au village, et vous allez nous aider. Savez-vous fabriquer une civière, jeune homme?

— Avec des branches? oui, m'sieur.

— Eh bien, que ne le disiez-vous, alors! dit le colérique M. Vocasse. Fabriquez une civière à l'instant, monsieur!

Le villageois bouffi se met à l'œuvre en effet, et taille dans les arbustes voisins les montants de la civière réclamée si impérieusement.

Pendant qu'il y travaille, il a à répondre à un long interrogatoire que lui font subir les deux savants.

Si bien que lorsque le corps de l'inconnu est chargé sur la civière improvisée, le botaniste et le géologue savent sur le bout du doigt tous les détails biographiques de la vie du villageois bouffi.

Ils savent qu'il se nomme Charlot Taillepain, qu'il a vingt-deux ans, qu'il a eu un bon numéro au dernier tirage, qu'il est né à Blanc-Fusain, que s'il vient lancer des pierres aux oiseaux dans la forêt, c'est qu'il s'ennuie, et que s'il s'ennuie, c'est qu'il est amoureux de quelqu'un, d'une méchante jolie fille qui s'appelle Marine, et qui n'a pas du tout l'air de se soucier de lui.

Enfin, l'on se met en route. Charlot ouvre la marche ; MM. Bunel et Vocasse, se relayant de minute en minute, l'aident à transporter le blessé.

III

Trois mois après la scène de la clairière, un œuf à la coque, — le premier ! — accompagné d'un cortége de mouillettes généreusement beurrées, était offert en holocauste à l'appétit dévorant d'un jeune convalescent couché dans la plus belle chambre du *Coq-Hardi*, l'auberge unique de Blanc-Fusain.

Blanc-Fusain, disons-le entre parenthèses, est un joli village poussé, il y a quelques années, sur la lisière de la forêt de Fontainebleau, et qui est devenu le rendez-vous d'automne d'un nombre considérable d'artistes français et étrangers.

Cela dit, ne celons pas davantage que le convalescent logé au *Coq-Hardi* est le malheureux jeune étranger trouvé si bien à propos par MM. Bunel et Vocasse, et revenu miraculeusement à la vie.

Maintenant, abandonnons, — pour l'instant, — à leur destinée les deux scientifiques personnages si mal faits pour s'entendre.

Aussi bien, à l'époque où le blessé ne donnait encore qu'un faible espoir de guérison au médecin qui le disputait aux griffes de la mort, MM. Vocasse et Bunel, rappelés subitement à Paris, et ensuite envoyés en mission par le ministère de l'instruction publique, avaient quitté Blanc-Fusain et la France.

Au moment où nous retrouvons notre intéressant malade, le géologue et le botaniste errent, bien loin du lieu de leur première et ineffable rencontre, sous des cieux brûlants, en quête de documents inédits pour une histoire naturelle quelconque.

Revenons donc au séduisant œuf à la coque servi, par une fraîche et claire matinée d'octobre, au convalescent pâle et maigre que soutiennent sur son séant des Ossas d'oreillers entassés sur des Pélions de traversins.

Un feu léger de bois sec pétille gaiement dans la cheminée.

Une jeune fille, mademoiselle Marine, l'enfant unique du propriétaire du *Coq-Hardi*, est l'aimable support du plateau qui contient le premier déjeuner un peu sérieux de l'étranger.

Mademoiselle Marine Bruant, dont tout Blanc-Fusain chante les louanges, et que, dans les champs, les vaches regardent passer avec des airs doux et reconnaissants, — aura dix-huit ans, vienne la pommerole nouvelle.

— C'est un bon parti, disent les vieillards, en réponse à l'éternel : — « la belle fille ! » de tous les jeunes gens, et de Charlot Taillepain en particulier.

Or, mademoiselle Marine et ses dix-huit ans en herbe, disposent sur une blanche serviette, devant M. Lionel Gordon, — tel est le nom de son hôte et pensionnaire, — le premier œuf à la coque officiellement autorisé par le docteur Duval.

Lionel Gordon suit des yeux chacun des mouvements de la charmante créature avec un intérêt profond et qui croît sans cesse.

Ce Lazare britannique, doué d'une faim de convalescent de vingt-cinq ans, faim qui dépasse en intensité tous les appétits connus, y compris ceux des sieurs Tantale et Ugolin, sans oublier messieurs les touristes du radeau de la *Méduse*, regarde d'une prunelle avide — devons-nous l'avouer ? — moins les grâces de mademoiselle Marine que les apprêts de son repas.

Ah ! le premier œuf à la coque, l'œuf ardemment désiré, l'œuf rêvé, l'œuf qui vaut cent millions !

Ah ! le bon pain tendre ! ah ! le bon vin de Bordeaux ! ah ! les bonnes petites miettes trop rares !

Lionel Gordon, enfin livré à lui-même, se comporte devant son assiette comme un cannibale de bonne compagnie. C'est-à-dire que la porcelaine et l'argenterie trouvèrent seules grâce à ses yeux.

Mademoiselle Marine souriait pendant tout ce temps-là d'un air très-ému, et elle ne put trouver la force de gronder Lionel sur sa gloutonnerie.

— Maintenant, faisons un petit somme, monsieur, lui dit-elle enfin, après avoir enlevé d'une main preste les accessoires du festin, devenus inutiles, et même dignes d'un vif mépris.

— Oui, ma chère, de grand cœur, répondit Lionel.

Et, docile comme un petit enfant qu'il était redevenu dans ses trois mois de maladie, exténué aussi par les efforts que lui avaient coûtés cette reprise de possession de la vie, il reposa sa tête sur les oreillers remis en place, et ferma les yeux délicieusement.

Mademoiselle Marine sortit de la chambre sur la pointe de son fort petit pied.

IV

Resté seul, Lionel ouvrit de nouveau les yeux.

Son regard alla immédiatement se fixer sur une toile de petite dimension accrochée au mur, en face de son lit de douleur, et qu'éclairait à ravir le jour entré par la fenêtre.

C'était l'habitude du jeune Anglais, — entre les petits sommeils qu'il prenait fréquemment depuis qu'il était ressuscité, — de faire de longues et bienheureuses promenades d'esprit dans le paysage que représentait ce tableau pendu à la muraille, lequel, à vrai dire, n'était qu'une simple étude poussée assez loin.

Un artiste anglais, nommé Hobbs, l'un des premiers colons de Blanc-Fusain, — Lionel apprit tous ces détails de la bouche même de mademoiselle Marine, — avait laissé cette étude au père Bruant, comme un souvenir de son passage au *Coq-Hardi*.

Lionel aimait marcher, sans fatigue, avec une béatitude extrême, çà et là, à travers la campagne peinte par son compatriote.

Le jour où le premier œuf à la coque lui fut jeté en pâture, l'excursion oculaire dans le paysage en question parut d'une douceur exquise à Lionel.

— Oh! quand je serai guéri, pensait-il, l'œil rivé sur la toile, qu'il me semblera bon de suivre, à pas nonchalants, cette rivière tranquille, sous ces hêtres au murmure délicat. De temps en temps, sur ce gazon, là-bas, je m'asseoirai un peu, car je me lasse vite, et mon côté me fait souffrir encore, et je regarderai, comme une bête, les corbeaux voler d'un arbre à l'autre, reflétés par le miroir paisible de l'eau pailletée de feuilles mortes. Il me semble que j'entends déjà leurs cris rauques retentir comme autrefois, en automne, dans mon pays, le long de l'avenue d'ormes séculaires qui mène à la maison où je suis né.

Souriant de bonheur à ces souvenirs lointains, Lionel reprit avec attendrissement :

— Oui, je ferai de bonnes courses à cheval, suivi de mes chiens, dans les plaines que j'entrevois derrière ce rideau de peupliers. Là, je rencontrerai des paysans. Ils me demanderont : « Eh bien, mister Gordon, vous allez mieux? » Et moi, flattant de la main le col de mon brave Toby, je leur dirai : « Merci, mes amis, je me porte à merveille. Tenez, buvez ceci à ma santé, néanmoins. » Quelle joie ! Ces honnêtes gens m'aiment. Et je poursuivrai ma route, humant à pleins poumons l'air vif et sain.

Tout en bavardant ainsi avec lui-même, Lionel allait d'un détail à l'autre, plein d'une ivresse réconfortante, qui agissait sur lui comme l'eau du Léthé, dans le tableau abandonné au *Coq-Hardi* par un peintre obscur.

Un certain point rouge, aux premiers plans du tableau, arrêtait parfois son œil flâneur.

Ce certain point rouge était le mouchoir, coquettement roulé autour de la tête d'une paysanne, dont on entrevoyait la silhouette svelte au-dessus des herbes blondes.

Et, avec un sourire languissant, Lionel se disait :

— Qui sait! Cette enfant inconnue, si je la rencontrais jamais, peut-être serait-elle, après tout, la plus sûre et la plus tendre des épouses? Le bonheur après lequel j'aspire, ce foyer égayé par des enfants rieurs et turbulents, ne pourrait-elle me le donner, cette pauvre fille des champs? Ah! sans doute, élevée loin du monde sceptique, elle ignore, loyale et pure, les hideuses coquetteries et les calculs affreux de ces femmes...

Soudain une pensée amère, endormie depuis trois mois, dans un coin de son cœur, redressa sa petite tête de vipère, et le mordit.

Lionel Gordon venait de se rappeler nettement la scène fatale qui avait eu pour théâtre un fourré de la forêt voisine ; il venait de se rappeler les jours d'angoisses qui l'avaient précédée.

V

L'histoire que se rappelait Lionel était banale ; c'était une histoire d'amour déçu !

Mais, comme l'a dit Henri Heine :

« C'est une vieille histoire qui reste toujours nouvelle, et celui à qui elle vient d'arriver en a le cœur brisé. »

Lionel se souvient en frémissant d'un cottage perdu dans les verdures, au bord de la Tamise, au delà de Richemond. Il revoit, dans le jardin de ce cottage, les traits enfantins d'une figure féminine qui lui fut bien chère, auréolés de boucles brunes sans cesse en mouvement. Puis la tête sèche d'un gentleman aux joues creuses lui apparaît ensuite. D'énigmatiques sourires, surpris autrefois, se dessinent de nouveau, avec leur véritable signification, devant ses yeux. A qui s'adressaient ces sourires troublants ? Lionel le sait à présent ! A un autre que lui.

Mais aussi, disons-le, c'était bien sa faute.

En effet, hélas ! Lionel, plein de passion et

d'amour, mais timide et irrésolu, restait muet devant son idéal, et contemplait, sans parler, son rêve. Pendant ce temps, un rival vulgaire, assidu, éloquent, hardi, se faisait écouter, se rendait indispensable, et supplantait le taciturne songeur.

Chaque jour, Lionel voyait une âme qu'il avait dotée de toutes les perspicacités se détacher rapidement de lui et passer à côté de son amour, sans comprendre ses soupirs.

— O fragilité de la femme ! s'écriait-il.

Mais non, « la femme, » cette fois, ignorait tout bonnement cet amoureux qui ne disait rien.

Encore une fois, c'était par sa faute, sa très-grande faute, qu'il avait perdu ce qu'il avait si ardemment désiré, mais sans mot dire, et l'esprit toujours errant loin de la réalité.

Pauvre Lionel !

Au souvenir du cottage succède alors un autre tableau plus douloureux encore. Lionel se retrouve blotti dans l'un des coins obscurs d'une chapelle de la banlieue de Londres.

Un prêtre dit rapidement l'office du mariage à deux figures humaines agenouillées devant lui. L'une d'elles, oh ! poignante vision ! — sourit, sous un chapeau de mariée. Des boucles brunes palpitent, éparses autour de ce visage cruellement distinct. Il reconnaît à côté d'elle la tête sèche et froide, aux joues creuses, qu'il hait maintenant de toutes ses forces.

En vain Lionel ferme les yeux, se cache la tête sous ses couvertures, le passé, comme la fumée vague qui sort d'abord du vase du pêcheur dans le conte arabe, grandit et prend une forme parfaite et terrible, et se dresse sans pitié devant lui.

O dur passé! Lionel se retrouve errant, la tête en feu dans les rues de Londres. A qui se confier! Nul ami! Plus de parent. Il est seul. Seul et riche. Que faire? Fuir Londres? Où fuir? — Lionel est sur le pont d'un steamboat qui halète comme un cachalot échoué. La pluie tombe. Il ne la sent pas. La mer ondule lourde et sale. Les bulles d'air qui flottent à sa surface lui semblent des pustules affreuses sur la peau verdâtre d'un noyé. Où va Lionel? — Une côte gaie se dessine au loin. Une colonne la surmonte. Puis le dôme d'une église s'aperçoit. C'est Boulogne. Éperdu ou aveuglé, réduit à l'état de machine, Lionel débarque, et marche, conduit par un homme en uniforme. On l'installe dans un wagon. C'est la nuit. Nuit interminable. L'aurore naît. Un arc de triomphe se découpe enfin, sec et gris, à l'horizon, au-dessus de maisons aux mille fenêtres. Paris !

Lionel soupire avec désespoir, et des larmes silencieuses coulent sur ses joues. Il les boit, amères et tièdes.

Mais l'infernale fantasmagorie ne laisse pas un moment de repos à son esprit lassé. Le pauvre garçon erre encore une fois dans le dédale bruyant et bavard des rues parisiennes. Parfois, il lui semble, après des courses furibondes dans la capitale, après des nuits passées au milieu des cris, des rires, des lumières, que son âme est morte et qu'il va enfin s'endormir dans une paix éternelle. Mais le matin des nuits insensées, mais le soir des journées d'ivresse, il revoit toujours, et souriant à quelque atroce figure sèche aux joues creuses, un visage ravissant voilé enfantinement par de folles boucles brunes.

Un jour, — quand donc? hier, peut-être, — Lionel arpente avec tristesse les salles désertes d'un palais somptueux, aux environs de Paris. Une voix dolente glisse dans ses oreilles des noms de souverains, d'artistes et d'amoureux morts;

tous morts : Le Primatice, Louis XIII, Monaldeschi, Pie VII, Napoléon. Il est à Fontainebleau. Enfin, une forêt s'ouvre béante devant lui, en sortant de ce château. Elle l'attire, elle lui suggère des idées sinistres. — Avant de s'y engouffrer, Lionel lit sur une enseigne : — « *Boda, arquebusier.* » Hélas ! Lionel a acheté quelque chose chez cet homme. Que cache-t-il maintenant sous ses vêtements, tandis qu'il court, effrayant les chevreuils, sous la futaie où l'on étouffe ? Que veut-il faire de cet instrument affreux ? Le jour tombe. Les taillis s'emplissent d'ombre. Lionel regarde une dernière fois autour de lui. Un arbuste à baies rouges arrête un instant son œil. Puis une explosion, une chute, puis la nuit, le froid, le néant et l'oubli !...

Oubli vendu au prix du sang, mais oubli sans bornes !

L'oubli ! — Oui. — Mais pourquoi, de quel droit ces deux hommes l'ont-ils remis dans l'ergastule des souvenirs, comme un esclave fugitif ? Qui donc a permis que ces hommes fussent à portée pour lui rendre le triste service de l'enchaîner de nouveau à la vie ?

Qui ?

Lionel, Lionel, tu le sais. Incline-toi, souffre, mais espère. . . . .

. . . .

— Eh bien, on est donc réveillé ? fait une douce voix de femme, tandis que la porte de la chambre entre-bâillée d'abord avec précaution, s'ouvre toute grande pour livrer passage à la radieuse gardienne du convalescent.

— Oui, mademoiselle, répond Lionel avec un sourire mouillé.

— Que veut dire ceci ? On a pleuré ?... interroge Marine.

— Oui. Un affreux rêve. Mais vous voilà. Tout est fini.

— Tout est fini ? Bien vrai ? demande gentiment la petite paysanne en agitant son doigt fin.

— Oui, mon enfant.

— Alors, on peut monter la petite soupe bien, bien légère au pauvre prisonnier ?

— Oui, Marine.

— Eh bien, alors, monsieur, dans un instant vous serez servi.

VI

Le dernier mois de l'année était à peine entamé de quelques jours, quand Lionel, faible encore, mais déjà en état de supporter les fatigues d'un voyage, annonça à table, un soir, à ses hôtes, devenus ses amis, l'intention où il était de quitter Blanc-Fusain, et d'aller en Algérie achever de se remettre sur pied complétement.

— En même temps, ajouta-t-il, je chercherai à découvrir, là-bas, l'auteur de l'*étude* accrochée dans ma chambre, et que vous avez bien voulu me donner, père Bruant. Il faut que je trouve ce Hobbs qui l'a faite avec tant de talent.

— Monsieur Hobbs est-il donc en Afrique? demanda le père Bruant.

— Oui. Les membres de l'Académie Royale de peinture auxquels j'ai écrit, à Londres, m'ont tous répondu que Hobbs s'est fixé aux environs d'Alger depuis cinq ans. Christie ignore son adresse exacte. Mais tous ces messieurs pensent que je mettrai facilement la main dessus, une fois arrivé là-bas.

— Vous n'avez donc pas renoncé à mettre votre projet à exécution, monsieur Lionel ? reprit le père Bruant, avec un sourire triste.

— Je tiens plus que jamais à mon idée, mon ami, répliqua Lionel. Je veux apprendre de Hobbs en quel endroit du monde se trouve le paysage qu'il a peint. Quand je saurai le nom de ce pays, je viendrai m'y établir et pour toujours.

— Bah ?

— Dans ce coin de terre bien-aimé, je perdrai certainement le souvenir de ce que j'ai souffert ailleurs, continua Lionel comme s'il se parlait à lui-même ; et les délicieuses promenades que j'ai faites en imagination dans la peinture de Hobbs, je les recommencerai réellement, avec de nouvelles délices, dans la nature.

— Et vous partez ?

— Demain.

— Quand reviendrez-vous, monsieur Lionel ? dit avec un hochement de tête pensif le vieillard dont la voix trembla légèrement.

— Mon vieil et respectable ami, croyez que je ne m'en vais pas d'ici sans un immense serrement de cœur. Mais le désir qui me pousse est irrésistible.

— Oui. Et puis la santé avant tout. L'an prochain, je l'espère, nous nous reverrons, monsieur Lionel.

— Jamais je ne laisserai une année s'écouler sans revenir à Blanc-Fusain, dit chaleureusement Lionel.

— Mais, où est donc Marine ? demanda le père Bruant tout à coup.

— Elle est sortie tout à l'heure, répondit un vieux peintre de nature morte qui vivait hiver comme été au *Coq-Hardi*, et dînait avec la famille.

Si l'œil de Lionel eût pu percer la cloison qui séparait la salle à manger du *Coq-Hardi* de la cuisine de cet établissement, il aurait vu la pauvre fille, assise dans un coin sombre, en face d'une chandelle à la mèche démesurée, le front dans les mains.

Mademoiselle Marine pleurait.

Mais l'œil de l'élégant et riche étranger ne la vit pas tordre ses doigts mignons avec désespoir, et refuser d'entendre, en secouant sa jolie tête désolée, les paroles d'affection que les grosses servantes de la maison envoyées à sa recherche, s'efforçaient de lui faire agréer.

Et l'eût-il vu, que son cœur, moins perspicace encore que ses yeux, n'eût pas pensé que l'âme naïve de la belle paysanne s'était insensiblement habituée à l'aimer de loin, avec une ferveur timide.

Le malheureux Charlot Taillepain, lui, ne s'y était pas trompé.

Il avait vu naître et croître dans le cœur de Marine, de l'insensible Marine qui le plaisantait sans cesse sur son honnête embonpoint, la passion que la jeune fille avait vouée au bel étranger.

Sans perdre une bouchée, Charlot avait perdu la gaieté. Il restait toujours le même paysan joufflu et rougeaud; mais on aurait pu dire qu'il maigrissait du cœur, en voyant les attentions tendres que Marine prodiguait à son hôte aveuglé.

Le cœur de Lionel était-il donc bien mort et enseveli dans le fourré où son corps avait failli rester à jamais?

L'heure des adieux arriva rapidement. Nous n'en raconterons pas les minutes pleines de larmes sincères versées sans honte, de part et d'autre.

Lionel, dont la mystérieuse arrivée au village et la générosité avaient naturellement fait le sujet des conversations du pays pendant trois mois, fut accompagné à Fontainebleau par l'élite des habitants de Blanc-Fusain.

A la gare, sa main délicate fut broyée par des phalanges dévouées et reconnaissantes.

Enfin le train s'ébranle, emportant le jeune Anglais avec une rapidité modeste et toute française sur la route de Paris.

A Blanc-Fusain, tandis que Lionel, bercé par le roulis du wagon, repassait dans sa mémoire, non sans émotion, les faits les plus saillants de son existence au *Coq Hardi*, la maisonnée du père Bruant était plongée dans un morne abattement, qui ne se dissipa qu'avec le temps.

Mademoiselle Marine resta invisible pendant la journée du lendemain.

Puis, peu à peu, les jours s'ajoutant aux jours, le *Coq-Hardi* reprit son entrain ordinaire. Le père Bruant perdit insensiblement l'habitude qu'il avait adoptée avec bonheur de dire, à chaque question un peu difficile qu'on lui posait :

— Nous allons demander ça à monsieur Lionel.

Les Blanc-Fusinois confondirent même, parfois, au bout de quelques mois, M. Lionel avec un autre étranger, qui avait demeuré au *Coq-Hardi*.

Seule, mademoiselle Marine n'oublia pas le beau malade qu'elle avait fraternellement soigné.

Son image était trop bien gravée dans son cœur innocent.

Mais le souvenir qu'elle en garda, quand un accident quelconque l'amenait brusquement dans son esprit, ne lui arrachait plus les pleurs amers des premiers jours.

Elle pensait à M. Lionel, parti au loin, et oubliant sans doute la petite Marine, non plus avec une cuisante douleur, mais avec une tendre mélancolie.

Quant à Charlot Taillepain, il se gardait bien de mettre le doigt sur les plaies d'autrui. Jamais il ne parlait de Lionel au père Bruant. Jamais non plus il ne prononçait le nom de l'absent devant Marine.

Seulement, il avait repris une espèce d'espoir, et parfois on le voyait éclater de rire, tout seul, dans les champs, en regardant les nuages passer devant le soleil.

VII

Maintenant, d'ün seul bond, passons en Algérie.

Au cabaret du *Ruisseau des Singes*, dans les gorges de la Chiffa, deux hommes sont assis devant une table rustique chargée d'un vulgaire litre rempli de sirop d'arbouses, et de siphons d'eau de Seltz.

Le soleil d'avril perce de flèches brûlantes les ombrages puissants, renouvelés par le printemps d'Afrique, sous lesquels se rafraîchissent les deux personnages signalés plus haut à l'attention des lecteurs.

L'un de ces hommes, tout jeune et resplendissant de santé, après avoir allumé un cigare, et bu une gorgée du breuvage rosâtre qui s'échauffe rapidement dans son verre, dit joyeusement :

— Cher monsieur Hobbs, hier encore je désespérais de jamais vous rencontrer. Voilà quatre mois que je suis à votre poursuite sur ce sol que je ne saurais trop bénir, puisqu'il m'a rendu ma force et mon courage d'autrefois. Quel nomade vous faites ! Chaque fois que j'arrivais à découvrir votre retraite et à y pénétrer, vous aviez décampé la veille. Enfin, ces jours-ci, à Blidah, un officier de vos amis m'a indiqué votre lieu de refuge, et vous voilà relancé.

— Mon cher monsieur Gordon, exprimer mes regrets serait oiseux. Croyez que je ne me dérobais nullement à vos recherches, mais je ne puis rester en place. Les stations prolongées dans un endroit, quelque charmant qu'il puisse être, me sont odieuses. Mais dites-moi, je vous prie, à quel motif je dois le plaisir, car c'est un vif plaisir que j'éprouve en serrant la main d'un compatriote, de vous voir, assis à mon côté, dans ce coin désert, quoique ravissant.

— Je vais vous l'apprendre, dit Lionel. Seulement, cher artiste, je vous préviens que ce ne sera pas en deux mots.

M. Hobbs fit une légère grimace, toussa, sourit, puis il se mit courageusement dans la position d'un monsieur qui est forcé d'écouter une confidence dont il se serait bien volontiers passé.

Alors Lionel raconta longuement au peintre qu'il avait si heureusement rejoint, l'histoire de son séjour forcé à Blanc-Fusain, et comment son cœur était lié à jamais, par une chaîne de sensations délicieuses, au petit tableau abandonné dans le village français.

Il lui fit part en outre de l'intention où il était de s'établir pour la vie dans le pays que M. Hobbs avait représenté sous des couleurs si tentantes et pourtant si vraies.

M. Hobbs s'inclina poliment.

Enfin, Lionel le supplia vivement de lui révéler le nom de l'oasis en question, secret dont personne n'avait pu lui dire le mot à Blanc-Fusain.

— Eh! mais, s'écria M. Hobbs, l'étude qui est devenue votre légitime propriété, puisque le père Bruant vous l'a donnée, a été faite à quelques portées de fusil de Blanc-Fusain, sur le bord de la Seine!

— Par le ciel! cela est-il possible? s'écria Lionel.

— Cela est, mon cher monsieur. Mais il n'est pas étonnant que les naturels de Blanc-Fusain n'aient pas reconnu les environs de leur hameau. Vous savez comme moi que les paysans ne voient jamais la campagne qui les entoure. C'est un fait connu.

Lionel, un instant abasourdi, passa la main sur son front, regarda M. Hobbs d'un air égaré, puis, d'une voix tremblante, il lui dit :

— Et cette paysanne au mouchoir rouge, si svelte et si gracieuse, qui traverse les hautes herbes, dans votre tableau, qui est-elle ?

— Eh, *by God !* c'est la petite Marine.

— Marine! répéta vivement Lionel, Marine! Mais alors... oh ! quel trait de lumière!... Marine!...

— Qu'avez-vous, mon cher? demanda M. Hobbs. Cette agitation soudaine... seriez-vous amoureux de Marine?

— Je ne sais, dit Lionel. Je suis plein d'un trouble subit. Les paroles me manquent pour exprimer ce qui se passe en moi à présent... Je suis comme un aveugle qui voit soudain... Je deviens fou!... Tenez, cher monsieur Hobbs, tout à coup, je me rappelle ici, et avec une émotion que je n'ai jamais ressentie jadis, les soins que m'a prodigués cette jeune fille... Des souvenirs exquis me reviennent à l'esprit, qui me prouvent que près de mes yeux, et loin de mon cœur, a vécu la plus dévouée, la plus chère des créatures, la plus... oui, la plus aimante des femmes!... Oui, la plus aimante!... Tendre comme une épouse, attentive comme une sœur, elle a veillé de longues nuits près de moi... Je lui dois la vie!... O Marine!...

— De grâce, calmez-vous, murmura M. Hobbs, évidemment gêné par la fougue de Lionel. Voyons les choses de sang-froid, je vous prie.

— De sang-froid! Non, mon ami! non! — A présent, je devine tout. Je sais tout. Cette tristesse, ces larmes, ces douleurs cachées de Marine, c'est moi qui les ai causées. Elle m'aimait! Et moi, aveugle, ingrat, toujours perdu dans mes rêves absurdes, j'ai abandonné pour l'ombre ce cœur humble et délicat qui s'offrait à moi, et que j'ai brisé par mon cruel départ...

— Un peu de sirop d'arbouses, voulez-vous? dit M. Hobbs, cela vous remettra.

— Merci! s'écrie Lionel, les larmes aux yeux. Ah! le nom de ce que j'éprouve depuis que j'ai quitté Blanc-Fusain, je le sais à présent. C'est l'amour! J'aime Marine! C'est elle, cette paysanne qui m'aurait donné le bonheur calme et durable que j'ai tant rêvé pendant ma maladie. Mais tout

n'est point perdu ! Je vais retourner en France !
Dans huit jours je serai dans la forêt de Fontainebleau. Et alors... chère petite Marine !

— Inutile de m'en dire davantage, mon cher monsieur, dit M. Hobbs. Je ne voudrais pas être indiscret. Permettez que je vous quitte. Aussi bien vous devez être impatient de me serrer la main de votre côté...

— Vous êtes mon bon ange, monsieur ! Vous m'avez ouvert les yeux. Je ne prononcerai jamais votre nom qu'avec la plus vive reconnaissance. Cher monsieur Hobbs ! sans vous... ma vie se fût écoulée dans la tristesse et l'ennui... Merci ! merci, du fond de l'âme. Vous m'avez sauvé. Merci !

— Ce jeune enthousiaste aurait bien besoin d'une saignée, pense M. Hobbs, en se levant. Je crois qu'il est prudent de lui dire adieu. Il m'appelle son bon ange, quittons-le ; il est fou.

Et M. Hobbs ajoute tout haut avec véhémence :

— Je vous souhaite beaucoup de bonheur, monsieur Gordon. Allons, adieu. J'ai à faire quelques croquis aux environs de Médéah. Adieu.

— Adieu, mon ami, répond Lionel, et en prononçant ce mot, il pétrit la main de M. Hobbs,

« comme s'il avait l'intention d'en exprimer tout le suc, » se dit mentalement le peintre.

Sur ces paroles, les deux voyageurs quittent le cabaret du *Ruisseau des Singes*, et, après avoir échangé un dernier salut, ils se tournent le dos brusquement.

M. Hobbs, le nez au vent, prend la route de Médéah.

Quant à Lionel, il enfourche une haridelle barbe pleine de feu qui l'attendait à l'ombre d'un chêne-liége, et il s'élance au grand galop dans la direction de Blidah, « *la petite rose.* »

Pendant qu'il presse les flancs de son maigre coursier, deux mots s'échappent des lèvres de Lionel, comme un doux refrain :

— Marine, ma femme! Marine, ma femme!

VIII

La nuit tombait déjà, sereine et douce, sur la cime des chênes de la forêt de Fontainebleau, lorsque Lionel Gordon, quittant la ville royale, mais cette fois un délicieux espoir dans l'âme, arriva aux premières maisons de Blanc-Fusain, huit jours après sa rencontre avec M. Hobbs dans la gorge de la Chiffa.

La cloche de l'église tintait allègrement dans l'air, comme pour souhaiter la bienvenue au voyageur, à sa manière.

Lionel, défaillant, s'arrêta un moment et mit la main sur son cœur, en écoutant les bruits confus du village, où tout se préparait pour le souper.

Il lui sembla reconnaître l'aboi enroué, dans le lointain, du chien du *Coq-Hardi*.

Cette fidélité de souvenirs le remplit de joie.

Comme Lionel se disposait, l'œil humide et les jambes tremblantes, à enfiler une ruelle qui débouche à côté de la maison du père Bruant, un gamin qui revenait du bois passa devant lui, en ouvrant des yeux énormes.

— Eh, petit, dit Lionel souriant. Tiens, voilà dix sous pour toi. Me reconnais-tu, mon enfant ?

— Oui, répliqua d'un ton bourru le petit homme ; oui, vous êtes l'*englishman* du *Coq-Hardi*.

— Sais-tu, mon garçon, où est mademoiselle Marine, en ce moment ? demanda Lionel, dont la gorge sèche articula avec peine ce nom chéri.

— Eh ben, avec s'n homme, peut-être.

— Son homme? Son père, tu veux dire.

— Non! je vous dis s'n homme! Charlot Taillepain, pardine! Même que j'ai eu des gâteaux de la noce, et que j'ai servi la messe ce jour-là.

— Charlot Taillepain! qui cela?

— Eh bien, c'est Charlot, dame! C'est le mari à la Marine, maintenant. C'est pas bien malin à comprendre!

— Oh! mon Dieu! gémit profondément Lionel. Mariée!

Et sa figure prit une expression telle que le gamin en fut terrifié, et se sauva à toutes jambes.

— Oh! mon Dieu! répéta Lionel, portant la main à sa poitrine, et respirant l'air avec force, car il étouffait.

Puis, pâle comme un spectre, et du pas d'un homme ivre, il rebroussa chemin et rentra dans la forêt silencieuse.

IX

Nous devons à l'obligeance de MM. Bunel et Vocasse, revenus de leurs voyages à l'étranger, tout à fait réconciliés, et que nous avons rencontrés cet été à Blanc-Fusain même, où vit heureuse, souriante et fraîche comme une rose, madame Taillepain, née Marine Bruant, mère de deux beaux garçons, un certain nombre de détails inédits touchant le pauvre Lionel Gordon.

Nous les ajoutons à notre récit :

— Un soir que nous mourions de faim, nous raconta M. Bunel, nous nous arrêtâmes, exténués, M. Vocasse et moi, réunis par le hasard, à la porte d'une hutte, d'un gourbi, d'une isba, d'un ajoupa, enfin à la porte d'une habitation quelconque. Nous nous trouvions alors dans l'Inde, à 333 lieues de Bombay. Je demandai poliment à l'habitant de la case la permission de dormir sous son toit délabré, à l'abri des tigres indiscrets du voisinage. De son côté M. Vocasse insinua, avec l'esprit que vous savez à ce géologue distingué, que le don d'un léger plat de riz serait amplement récompensé.

Après un échange de paroles que je vous passe, la porte du wigwam s'ouvrit brusquement, et quelqu'un — vous devinez naturellement qui, — se montra devant nous, armé de deux revolvers à huit coups.

— C'était M. Lionel Gordon ?

— Vous l'avez dit, mon cher monsieur, c'était ce gentleman en personne, vêtu comme un ascète, d'une façon fort choquante, entre nous. A peine un pagne d'écorce...

— Pauvre garçon !

— Pauvre, soit, mais pas gentil non plus. Il va sans dire, continua M. Vocasse, qui relaya M. Bunel en ce moment, que nous avons parfaitement reconnu, dans l'habitant inhospitalier de la chaumière indienne, c'est le cas de le dire, le suicidé que nous eûmes le bonheur de découvrir, bien des mois auparavant, dans la forêt de Fonainebleau. Nous lui fîmes part, M. Bunel et moi, du petit service que nous lui avions rendu autrefois. M. Bunel ajouta même, avec l'amabilité que ce botaniste éminent a toujours déployée, que l'offre d'une natte serait considérée comme une preuve éclatante de gratitude.

— Nous vous avons sauvé la vie, enfin ! nous écriâmes-nous en chœur, Bunel et moi.

— Vous voulez dire que vous m'avez arraché à la mort ? grogna notre honorable interlocuteur.

— C'est cela ! fîmes-nous en souriant avec tendresse et bonhomie.

— Eh bien, alors, soyez maudits ! hurla M. Gordon, et allez au diable !

Et il ferma brusquement sur notre nez la porte de sa iourte ou de son carbet.

. . . .

Tel fut donc, d'après MM. Vocasse et Bunel, l'épilogue du dernier amour de Lionel Gordon.

FIN

TABLE

Mon ami Le.	1
La porte!... s'il vous plait!.	65
Jean Tracy Gudd.	85
Tremblevif.	105
Ouaphrès.	187
Un Secret.	207
Le Télégramme.	233
Près des yeux, loin du cœur.	275

PARIS. — IMP. SIMON RAÇON ET COMP., RUE D'ERFURTH, 1

CHARPENTIER ET Cie, LIBRAIRES-ÉDITEURS

Quai du Louvre, 28, à Paris

BIBLIOTHÈQUE-CHARPENTIER

À 3 FR. 50 LE VOLUME

Relié en demi-chagrin. . . . . 5 fr.

PUBLICATIONS NOUVELLES

THÉOPHILE GAUTIER

Les Jeunes-France, ROMANS GOGUENARDS (Sous la table. — Onuphrius. — Daniel Jovard. — Celle-ci et Celle-là. — Élias Wildmanstadius. — Le bol de punch), suivis de CONTES HUMORISTIQUES (La cafetière. — Laquelle des deux. — L'âme de la maison. — Le garde national réfractaire. — Deux acteurs pour un rôle. — Une visite nocturne. — Feuillets de l'album d'un jeune rapin. — De l'obésité en littérature). . . . . 1 vol.

Histoire du Romantisme, suivie de NOTICES ROMANTIQUES et d'une étude sur les PROGRÈS DE LA POÉSIE FRANÇAISE (1830-1868). 1 vol.

GUSTAVE FLAUBERT

Madame Bovary, mœurs de province. — Édition définitive, suivie des Réquisitoire, Plaidoirie et Jugement du PROCÈS INTENTÉ A L'AUTEUR devant le Tribunal correctionnel de Paris (Audiences des 31 janvier et 7 février 1857). . . . . 1 vol.

CHAMPFLEURY

Les Amoureux de Sainte-Périne, suivis de RICHARD LOYAUTÉ. Nouvelle édition.. . . . . 1 vol.

ÉMILE ZOLA

Les Rougon-Macquart. — Histoire naturelle et sociale d'une famille sous le second empire :

    I. **La Fortune des Rougon.** 4ᵉ édition . . . 1 vol.
    II. **La Curée.** 5ᵉ édition. . . . . 1 vol.
    III. **Le Ventre de Paris.** 2ᵉ édition. . . . . . . 1 vol.

ALFRED ASSOLLANT

Scènes de la vie des États-Unis (Acacia. — Les Butterfly. — Une fantaisie américaine). . . . . 1 vol.

Marcomir. Histoire d'un étudiant. — Nouvelle édition augmentée d'un fragment de l'Histoire littéraire du second empire. . 1 vol.

ALPHONSE DAUDET

Les Amoureuses. POÈMES ET FANTAISIES, 1857-1861 (La double conversion. — Les aventures d'un Papillon et d'une Bête à bon Dieu. — Le roman du Chaperon-Rouge. — Les âmes du Paradis. — L'Amour trompette. — Les rossignols du cimetière). 1 vol.

Il a été tiré 50 exemplaires sur papier de Hollande. Prix : 7 fr.

CHARLES YRIARTE

Le Puritain [SCÈNES DE LA VIE PARISIENNE : L'amie des hommes. — Chez Chose. — L'âme en peine. — Saint-Pétersbourg à Paris. — A l'Académie. — Montretout. — Paris vaincu. — Le procès de Paris. — THÉATRE DE SALON : La Femme qui s'en va (*pièce inédite*)]. 1 vol.

CHARLES DIGUET

La Vierge aux cheveux d'or. . . . . 1 vol.

JULES CLARETIE

Peintres et Sculpteurs contemporains (Médaillons et Portraits. — L'Art français en 1872. — Études artistiques). . 1 vol.

A. AUDIGANNE

Mémoires d'un ouvrier, 1871-1872 (La vie collective des ouvriers. — Les nouvelles tendances du travail et la nécessité de les connaître. — Modes suivis dans le passé pour les études sur les questions d'économie sociale et sur l'état des ouvriers. — Études actuelles sur l'état des ouvriers et les questions d'économie sociale. — Les solutions pratiques et les moyens d'accord) 1 vol.

CONTEURS FRANÇAIS AVANT LA FONTAINE (1050-1650)

Chefs-d'œuvre (Poëmes héroïques et chevaleresques. — Romans d'aventures. — Romans satiriques et allégoriques. — Contes. — Fabliaux. — Lais. — Joyeux devis), avec une introduction, des notes historiques et littéraires, et un index, par Charles Louandre. . . . . 1 vol.

LETTRES PORTUGAISES — LETTRES DE Mlle AÏSSÉ

Suivies de celles de Montesquieu et de madame Du Deffand au chevalier d'Aydie, etc.; revues avec le plus grand soin sur les éditions originales, accompagnées de nombreuses notes, suivies d'un Index et précédées de deux Notices biographiques et littéraires, par Eugène Asse. — Édition ornée d'un *portrait* de mademoiselle Aïssé, fac-similé d'une gravure du temps. . . . . 1 vol.

P. DE RONSARD

Œuvres choisies, publiées avec notes et index, concernant la langue et la versification de Ronsard, par L. Becq de Fouquières. . . . . 1 vol.

LES GRANDS POËTES DE LA GRÈCE

Extraits et notices (Homère. — Hésiode. — Callinus. — Tyrtée — Sappho. — Mimnerme. — Solon. — Anacréon. — Simonide. — Bacchylide. — Pindare. — Eschyle. — Sophocle. — Euripide. — Aristophane. — Aristote. — Ménandre. — Théocrite. — Callimaque. — Bion et Moschus), par Émile Pessonneaux. . . 1 vol.

POUR PARAITRE TRÈS-PROCHAINEMENT

LE TOME CINQUIÈME
DE
L'HISTOIRE DES FRANÇAIS
DEPUIS LE TEMPS DES GAULOIS JUSQU'EN 1848

PAR

THÉOPHILE LAVALLÉE

DÉVELOPPÉE, SUR LE MÊME PLAN, DEPUIS 1814 JUSQU'EN 1848
PAR M. FRÉDÉRIC LOCK

ET

LE TOME SIXIÈME
DU MÊME OUVRAGE

CONTINUÉ DE 1848 A 1873, D'APRÈS LA MÉTHODE DE TH. LAVALLÉE
PAR M. FRÉDÉRIC LOCK

Ces deux volumes sont : Tome V. — **Restauration.** — **Monarchie de Juillet** (1814-1848), — et le tome VI. — **Seconde république.** — **Second empire.** — **Troisième république** (1848-1873) sont le complément nécessaire des quatre premiers volumes de **L'HISTOIRE DES FRANÇAIS**, de THÉOPHILE LAVALLÉE ; qui contiennent :

Tome Ier. — Histoire des Gaulois. — Histoire des Francs. — Histoire des Français jusqu'en 1328.

Tome II. — Histoire des Français sous les Valois (1325-1589);

Tome III. — Histoire des Français sous les Bourbons (1589-1789).

Tome IV. — Histoire de la Révolution et de l'Empire (1789-1814).

LITTÉRATURE CONTEMPORAINE

ALFRED DE MUSSET

Premières poésies (Contes d'Espagne et d'Italie. — Spectacle dans un fauteuil. — Poésies diverses. — Namouna). . . . 1 vol.

Poésies nouvelles (Rolla. — Les nuits. — Poésies nouvelles. — Contes en vers).. . . . . 1 vol.

Comédies et proverbes (André del Sarto. — Lorenzaccio. — Les caprices de Marianne. — Fantasio. — On ne badine pas avec l'amour. — La nuit vénitienne. — Barberine. — Le chandelier. — Il ne faut jurer de rien. — Un caprice. — Il faut qu'une porte soit ouverte ou fermée. — Louison. — On ne peut penser à tout. — Carmosine. — Bettine).. . . . . 2 vol.

Nouvelles (Les deux maîtresses. — Emmeline. — Le fils du Titien. — Frédéric et Bernerette. — Croisilles. — Margot). . . 1 vol.

Contes (La Mouche. — Pierre et Camille. — Mademoiselle Mimi Pinson. — Le secret de Javotte. — Le merle blanc. — Lettres de Dupuis et Cotonet).. . . . . 1 vol.

La Confession d'un enfant du siècle. . . . . . . 1 vol.

Mélanges de littérature et de critique (Le tableau d'église. — La tragédie à propos des débuts de mademoiselle Rachel. — Salon de 1836. — Faire sans dire. — Revues fantastiques. — Discours de réception, etc., etc.). . . . . 1 vol.

Œuvres posthumes (Un souper chez mademoiselle Rachel. — Le poëte et le prosateur. — Poésies diverses. — Le songe d'Auguste. — L'âne et le ruisseau. — Faustine. — Lettres familières, etc. etc.). . . . . 1 vol.

(Voir éditions diverses, pages 29 à 31.)

MADAME DESBORDES-VALMORE

Poésies (Idylles. — Élégies. — Romances. — Contes. — Pleurs et pauvres fleurs. — Aux petits enfants). *Nouvelle édition* augmentée de plusieurs pièces et précédée d'une notice sur la vie et les ouvrages de l'auteur, par M. SAINTE-BEUVE. . . . . 1 vol.

THÉOPHILE GAUTIER

Premières poésies 1830-1845. (Albertus. — La comédie de la mort. — Poésies diverses, etc.). . . . . 1 vol.

Mademoiselle de Maupin. . . . . 1 vol.

Le Capitaine Fracasse. 10ᵉ édition. . . . . 2 vol.
(Voir édition illustrée par Gustave Doré, page 32.)

Le Roman de la Momie. Nouvelle édition. . . . . . 1 vol.

Spirite, nouvelle fantastique. 3ᵉ édition. . . . . . . 1 vol.

Voyage en Russie. . . . . 2 vol.

Voyage en Espagne (Tras los montes). . . . . . . 1 vol.

Romans et contes (Avatar. — Jettatura. — Arria Marcella. — La mille et deuxième nuit. — Le pavillon sur l'eau. — L'enfant aux souliers de pain. — Le chevalier double. — Le pied de momie. — La pipe d'opium. — Le club des hachichins). . . 1 vol.

Nouvelles (La morte amoureuse. — Fortunio. — La toison d'or. — Omphale. — Le petit chien de la marquise. — La chaîne d'or. — Le nid de rossignols. — Le roi Candaule. — Une nuit de Cléopâtre). 10ᵉ édition. . . . . 1 vol.

Tableaux de siége. — Paris, 1870-1871 (La maison abandonnée. — Les animaux pendant le siége. — Saint-Cloud. — Le Versailles de Louis XIV, etc., etc.). 2ᵉ édition. . . . . 1 vol.

Émaux et Camées. Édition définitive, ornée d'une eau-forte par J. JACQUEMART. . . . . 1 vol.

Théâtre. — Mystère, Comédies et Ballets (THÉATRE DE POCHE : Une Larme du Diable. — La fausse Conversion. — Pierrot posthume. — Le Tricorne enchanté. — Prologues. — L'Amour souffle où il veut. — Le Selam. — BALLETS : Giselle. — La Péri. — Paquerette. — Gemma. — Yanko le bandit. — Sacountala.) . . . . . 1 vol.

GÉRARD DE NERVAL

Voyage en Orient (LES FEMMES DU CAIRE. — Les mariages cophtes. — Les esclaves. — Le harem. — Les Pyramides. — La Cange. — La Santa Barbara. — DRUSES ET MARONITES. — Un prince du Liban. — Le prisonnier. — Histoire du calife Hakem. — L'Anti-Liban. — LES NUITS DU RAMAZAN. — Stamboul. — Théâtres et fêtes. — Les conteurs. — HISTOIRE DE LA REINE DU MATIN ET DE SOLIMAN PRINCE DES GÉNIES. — LE BAÏRAM, etc.). 7ᵉ édition corr. et augmentée. 2 vol.

MISTRAL

Mirèio, poëme provençal, avec la traduction littérale en regard par l'auteur. 6ᵉ édit. accompagnée de notes. . . . . . . 1 vol.

JULES SANDEAU

Madeleine, ouvrage couronné par l'Académie française. . 1 vol.
Mademoiselle de la Seiglière. . . . . 1 vol.
Marianna. . . . . 1 vol.
Le docteur Herbeau. . . . . 1 vol.
Fernand, suivi de Vaillance et de Richard. . . . 1 vol.
Valcreuse. . . . . 1 vol.
Madame de Sommerville. — La Chasse au roman. 1 vol.

SAINTE-BEUVE

Poésies complètes (Joseph Delorme. — Les Consolations. — Pensées d'août, etc.). Nouvelle édition. . . . . 1 vol.
Tableau historique et critique de la Poésie française et du Théâtre français au XVIe siècle. Nouvelle édition, suivie de Portraits particuliers des principaux poëtes. . . . . . . 1 vol.
Volupté. 7e édition, avec un appendice contenant les témoignages et jugements contemporains. . . . . 1 vol.

SAINT-MARC GIRARDIN

Cours de littérature dramatique, ou de l'usage des passions dans le drame. 10e édition. . . . . 5 vol.
Essais de littérature et de morale. . . . . 2 vol.

E. GÉRUSEZ

Histoire de la littérature française pendant la Révolution (1789-1800). Ouvrage qui a obtenu le prix Bordin, décerné par l'Académie française. 5e édition. . . . . 1 vol.

H. RIGAULT

Conversations littéraires et morales, avec un beau portrait de l'auteur gravé par M. Levasseur, et une notice sur sa vie par M. Paul Mesnard. 5e édition. . . . . 1 vol.

MÉZIÈRES

Shakspeare, ses œuvres et ses critiques. . . . . 1 vol.
Prédécesseurs et Contemporains de Shakspeare. . 1 vol.
Contemporains et Successeurs de Shakspeare. . . 1 vol.
(Ouvrages couronnés par l'Académie française.)

LOUIS MÉNARD

Poëmes. 2e édit. . . . . 1 vol
La morale avant les philosophes. 2e édit. . . . . 1 vol.
Du polythéisme hellénique. 2e édit. . . . . . . 1 vol.

PAUL MESNARD

Histoire de l'Académie française. . . . . 1 vol.

PROSPER MÉRIMÉE

Chronique du règne de Charles IX, suivie de la Double méprise — La Guzla. . . . . 1 vol.
Colomba, suivie de la Vénus d'Ile. — Les âmes du purgatoire. — Matéo Falcone. — Vision de Charles XI. — L'enlèvement de la redoute. — Tamango. — La perle de Tolède. — La partie de trictrac. — Le vase étrusque. — Les mécontents, etc. . . . . . 1 vol.
Théâtre de Clara Gazul, comédienne espagnole (Les Espagnols en Danemark. — Une femme est un diable. — L'amour africain. — Inès Mendo. — Le ciel et l'enfer. — L'occasion. — Le carrosse du Saint-Sacrement. — La jacquerie. — La famille de Carvajal). 1 vol.
Histoire de don Pèdre Ier, roi de Castille. . . . . 1 vol.

CHARLES NODIER

Souvenirs de la Révolution et de l'Empire. . . . 2 vol.
Souvenirs de jeunesse (Séraphine. — Thérèse — Clémentine. — Amélie. — Lucrèce et Jeannette. — Mademoiselle de Marsan. — La Neuvaine de la Chandeleur). . . . . 1 vol.
Contes de la veillée (J. François-les-bas-bleus. — Hélène Gillet. — M. Cazotte. — Légende de sœur Béatrix. — Les aveugles de Chamouny. — Le chien de Brisquet. — Les quatre talismans. — Polichinelle. — Baptiste Montauban. — La filleule du seigneur. — L'homme et la fourmi, etc., etc). . . . . 1 vol.
Contes fantastiques (Trésor des fèves et fleur des pois. — La fée aux miettes. — Smarra. — Le songe d'or. — Le génie bonhomme). . . . . 1 vol.
Nouvelles (Trilby. — Inès de las Sierras. — Lydie. — Les Proscrits. — Fantaisies du dériseur sensé. — Les Marionnettes, etc., etc.). . . . . 1 vol
Romans (Le Peintre de Saltzbourg. — Les Méditations du cloître. — Jean Sbogar, Thérèse Aubert, Adèle.). . . . . . . 1 vol.

MIGNET

Histoire de Marie Stuart. 5e édition. . . . . . . 2 vol.
Antonio Perez et Philippe II. 5e édition. . . . . 1 vol.
Mémoires historiques, suivis de l'*Introduction à l'Histoire de la succession d'Espagne.* 5e édition. . . . . . . 1 vol.
Notices et portraits historiques et littéraires (Sieyès, Rœderer, Livingston, le prince de Talleyrand, Broussais, Destutt de Tracy, Daunou, le comte Siméon, de Sismondi, Rossi, Cabanis, Droz, Franklin, etc., etc.). 5e édition. . . . . 2 vol.

AIMÉ MARTIN

Éducation des mères de famille, ou *de la civilisation du genre humain par les femmes.* 9e édition. Ouvrage couronné par l'Académie française. . . . . 2 vol.

ÉDOUARD LABOULAYE

Paris en Amérique. 28ᵉ édition.. . . . . 1 vol.

Le Prince-Caniche. 16ᵉ édition.. . . . . 1 vol.

Abdallah, ou le Trèfle à quatre feuilles, suivi de **Aziz et Aziza.** 4ᵉ édition, ornée du *portrait de l'auteur.* . . . . 1 vol.

Souvenirs d'un voyageur. Nouvelles (Marina. — Le Jasmin de Figline. — Le Château de la vie. — Le Rêve de Jodocus. — Don Ottavio). 4ᵉ édition. . . . . 1 vol.

Contes bleus (Yvon et Finette. — La bonne Femme. — Poucinet. — Contes bohêmes. — Les trois Citrons. — Pif paf, ou l'art de gouverner les hommes). 4ᵉ édition.. . . . . 1 vol.

Le Parti libéral, son programme et son avenir. 8ᵉ édition. . . . . 1 vol.

La Liberté religieuse. 4ᵉ édition. . . . . 1 vol.

Études morales et politiques (De la personnalité divine. — La dévotion. — Mademoiselle de la Vallière. — Le rationalisme chrétien. — Les moines d'Occident. — Philippe II. — Les États-Unis. — L'éducation en Amérique. — L'esclavage aux États-Unis. — Le message de 1856. — La guerre civile aux États-Unis. — L'Amérique et la Révolution française. — Les horizons prochains. — Les lettres d'Éverard. — La loterie. — La manie des livres. — Sur un catalogue). 5ᵉ édit. . . . . 1 vol.

L'État et ses limites, suivi d'Essais politiques sur Alexis de Tocqueville, l'Instruction publique, les Finances, le Droit de pétition, etc. 5ᵉ édition . . . . 1 vol.

Études contemporaines sur l'Allemagne et les pays slaves (Le partage de la Pologne. — Goergei et Kossuth. — Les Serbes. — L'Albanie. — De Radowitz. — Gervinus, etc.). 5ᵉ édit. . . 1 vol.

Histoire des États-Unis d'Amérique, depuis les premiers essais de colonisation jusqu'à l'adoption de la constitution fédérale (1620-1789). 5ᵉ édition. . . . . 3 vol.

Discours populaires (Droit de réunion. — Éducation. — Bibliothèques. — Franklin. — Quesnay. — Horace Mann. — *Rhétorique populaire*) 2ᵉ édition. . . . . 1 vol.

Questions constitutionnelles (Considérations sur la Constitution. — Le droit de Révision. — Le Plébiscite de 1870. — La République constitutionnelle. — La question des deux Chambres. — Du Pouvoir constituant. — De la Souveraineté. — Séparation de l'Église et de l'État. . . . . 1 vol.

CHANNING
TRADUCTION AVEC INTRODUCTION ET NOTICES PAR ÉDOUARD LABOULAYE

Œuvres sociales (De l'Éducation personnelle. — De l'Élévation des classes ouvrières. — De la Tempérance. — Les Droits et les Devoirs des pauvres), précédées d'un Essai sur la vie et la doctrine de Channing. . . . . 1 vol.
La liberté spirituelle et traités religieux. . . . . 1 vol.
Le christianisme libéral. . . . . 1 vol.
De l'esclavage. . . . . 1 vol.

P. LANFREY

Histoire de Napoléon Ier (Les tomes I à IV sont en vente). 6 vol.
Études et portraits politiques (L'Histoire du Consulat et de l'Empire de M. Thiers. — Daunou. — Carnot. — Armand Carrel. — M. Guizot. — M. Proudhon. — Le rétablissement de la Pologne. — Paris en Amérique. — Du régime parlementaire sous Louis-Philippe. — Un dernier mot sur Carnot). 2e édition. . . 1 vol.
Histoire politique des papes. Nouvelle édition. . . . 1 vol.

THÉOPHILE LAVALLÉE

Histoire des Français, depuis le temps des Gaulois jusqu'en 1848. 18e édition. . . . . 4 vol.
  (Voir édition in-8° page 33.)
Géographie physique, historique et militaire, ouvrage adopté pour l'École militaire de Saint-Cyr. 9e édition, *entièrement refondue, corrigée et augmentée*, par M. P. MARTINE, agrégé d'histoire, ancien élève de l'École normale supérieure, ancien professeur de l'Université. . . . . 1 vol.

AUGUSTIN THIERRY

Histoire de la Conquête de l'Angleterre par les Normands, de ses causes et de ses suites jusqu'à nos jours, en Angleterre, en Ecosse, en Irlande et sur le Continent. — Nouvelle édition, suivie de la *Liste alphabétique des Conquérants de l'Angleterre*, et de la description de la *Tapisserie de Bayeux*. 1 vol.

JURIEN DE LA GRAVIÈRE

Guerres maritimes sous la République et l'Empire, avec les Plans des batailles navales du cap Saint-Vincent, d'Aboukir, de Copenhague, de Trafalgar et une Carte du Sund. 5e édition. . . 2 vol.

FERRY

Scènes de la vie sauvage au Mexique. 6e édition. . 1 vol.

PAUL LEROY-BEAULIEU

La Question ouvrière au XIX⁰ siècle (Le socialisme et les grèves. — L'organisation des forces ouvrières. — Les *trade-unions*. — Mise sur pied de guerre des forces ouvrières. — La Société internationale des travailleurs. — Examen des remèdes proposés. — Le système de la participation aux bénéfices. — Les associations coopératives. — Le rôle de la bourgeoisie dans la production. — Les remèdes efficaces. — Le régime que doit observer la société moderne). . . . . ; 1 vol.

Le Travail des femmes au XIX⁰ siècle (Du salaire et de l'instruction des femmes dans l'industrie. — De l'intervention de la loi pour prohiber et réglementer le travail des femmes dans l'industrie. — Des moyens de relever la condition des femmes et de reconstituer la famille ouvrière. — Les écoles professionnelles).. . . . . 1 vol.

LOUIS RAMBAUD

Le Testament d'un Latin (De la liberté. — Des garanties de la liberté. — De la réalisation de la liberté.). . . . . 1 vol.

EUGÈNE POITOU

Portraits littéraires et philosophiques (Saint-Simon. — Vauvenargues. — Balzac. — Alfred de Musset. — De Tocqueville. — Lacordaire. — Édouard Laboulaye. — Mortimer-Ternaux. — Guizot. — Victor Cousin). . . . . 1 vol.

Les Philosophes français contemporains et leurs systèmes religieux (Lamennais. — Pierre Leroux. — Jean Reynaud. — Proudhon. — E. Pelletan. — Charles Dollfus. — Aug. Comte. — Littré. — Lanfrey. — Taine. — Renan. — Vacherot. — L'abbé Maret. — Le P. Gratry. — Cousin. — Jules Simon. — Émile Saisset). . . . . 1 vol.

La Liberté civile et le Pouvoir administratif en France.. . . . . 1 vol.

EUGÈNE DESPOIS

Les Lettres et la liberté (Périclès. — Auguste. — Louis XIV. — Frédéric II. — Napoléon. — Mélanges, etc.). . . . . 1 vol.

J. VILBORT

L'Œuvre de M. de Bismark, 1863-1866 (Sadowa. — La campagne des sept jours), accompagné de 2 cartes. . . 1 vol.

EDMOND VILLETARD

L'Insurrection du 18 mars. Extraits des dépositions recueillies par la Commission d'enquête, classés, discutés et résumés. 1 vol.

PAUL DE MUSSET

Lui et elle. 7e édition. . . . . 1 vol.
Voyage en Italie et en Sicile. Courses en voiturin. 5e édit. 1 vol.
Nouvelles italiennes et siciliennes (La foire de Sinigaglia. — La pagota. — Le vomero. — Le Bonacchino. — Le Mezzo-Matto). 3e édition. . . . . 1 vol.
Le Nouvel Aladin, suivi de *la Frascatane*, du *Bisceliais* et de *la Saint-Joseph*. 2e édition. . . . . 1 vol.
Originaux du dix-septième siècle. Galerie de portraits. [Le cheval de Créqui. — Mademoiselle Paulet. — Le marquis de Mariamé et la reine Christine. — Un favori de Monsieur (Gaston d'Orléans). — Un mauvais sujet en 1645. — Michel Lambert. — Un homme aimable en 1615. — Le poëte Gombauld. — L'avocat Patru. — Les précieuses. — Le maréchal Gassion-Chamillard. — Le duc de Coislin]. 5e édition. . . . . 1 vol.
Extravagants et originaux du dix-septième siècle (Madame de la Guette. — Le chevalier Plénoches. — Mademoiselle de Gournay. — M. de Guise, le dernier. — Benserade. — Boutteville et Des Chapelles). . . . . 1 vol.
Les Femmes de la Régence. Galerie de portraits (La duchesse de Berry. — La comtesse de Verrue. — Claudine de Tencin. — Mademoiselle Quinault. — Mademoiselle de Lespinasse). 5e édit. 1 v.
Mémoires de Charles Gozzi, poëte vénitien du dix-huitième siècle, traduction libre. . . . . 1 vol.
Lauzun. 4e édition, revue et corrigée. . . . . 1 vol.

FORGUES

Originaux et Beaux-esprits de l'Angleterre contemporaine. . . . . 2 vol.
Vie de Nelson, d'après sa correspondance et les papiers de sa famille. . . . . 1 vol.

ANTONIN BARTHÉLEMY

Un Philosophe en voyage (Londres et les Anglais — En Grèce. — Les moines byzantins. — Contes orientaux. — L'immortalité. — Le dracophage). . . . . 1 vol.

E.-J. DELÉCLUZE

Les Beaux-arts dans les deux mondes en 1855 (Architecture, Sculpture, Peinture et Gravure). . . . . 1 vol.

HORACE DE LAGARDIE

Causeries parisiennes. . . . . 2 vol.

TAXILE DELORD

Les Matinées littéraires (La poésie au seizième siècle. — Le dix-septième siècle. — La mort de Bossuet. — Un prêtre peint par lui-même. — La comédie au dix-septième siècle. — Beaumarchais. — M. Louis Veuillot. — Madame Émile de Girardin. — Les poésies en prose de M. Michelet. — Œuvres littéraires de M. Granier de Cassagnac. — M. S. de Sacy. — Orphée et les Bacchantes. — La nouvelle poésie provençale). . . . . 1 vol.

HENRI REGNAULT

Correspondance recueillie et annotée par M. Arthur Duparc, suivie du *Catalogue complet* de l'Œuvre de H. Regnault, et ornée d'un *Portrait* gravé à l'eau-forte par M. Laguillermie.. . . 1 vol.

LUCIEN BIART

Laborde et Cie... . . . . 1 vol.

ERNEST DAUDET

Le Missionnaire. . . . . 1 vol.
Le Roman d'une jeune Fille (1770-1794). . . . . 1 vol.
Fleur de péché. 2ᵉ édition.. . . . . 1 vol.
Un Mariage tragique.. . . . . 1 vol.

EDMOND ET JULES DE GONCOURT

Renée Mauperin. . . . . 1 vol.
Germinie Lacerteux. 2ᵉ édition. . . . . 1 vol.

FRANCISQUE SARCEY

Le Nouveau seigneur de village, — les *Misères d'un fonctionnaire chinois.* — *Henri Perrier.* 2ᵉ édition.. . . . 1 vol.

CAMILLE SELDEN

Daniel Vlady. Histoire d'un musicien.. . . . . . 1 vol.
L'Esprit des femmes de notre temps (Eugénie de Guérin. — Charlotte Brontë. — Rahel de Varnhagen d'Ense) . . . . 1 vol.

JULES DE LA MADELÈNE

Brigitte. — Le comte Alghiera. . . . . 1 vol.

MARC DEBRIT

Laura, ou l'Italie contemporaine . . . . 1 vol.

ARNOULD FREMY

La Cousine Julie. . . . . 1 vol.

ÉMILE LAMÉ

Julien l'Apostat, précédé d'une étude sur la formation du christianisme. 1 vol.

IVAN TOURGUENEF

Pères et enfants, précédé d'une lettre à l'éditeur par Prosper Mérimée, de l'Académie française. . . . . 1 vol.

ÉMILE JONVEAUX

L'Amérique actuelle, précédé d'une introduction par ÉDOUARD LABOULAYE, de l'Institut. 2º édition............ 1 vol.

L. SIMONIN

Le Grand-Ouest des États-Unis (les Pionniers et les Peaux-Rouges. — Les Colons du Pacifique), accompagné d'une petite carte-itinéraire du voyage................ 1 vol.

EDMOND KIRKE

Les Noirs et les petits Blancs dans les États du Sud de l'Amérique du Nord, traduction de FRANCK BERTIN, avec une préface de M. ÉDOUARD LABOULAYE................ 1 vol.

N. COTTE

Le Maroc contemporain............ 1 vol.

CABANIS

Rapports du physique et du moral de l'homme, nouvelle édition, par le docteur CERISE............ 2 vol.

ROUSSEL

Système physique et moral de la femme. Édition augmentée d'une notice biographique, d'une esquisse du rôle des émotions dans la vie des femmes, et de notes sur plusieurs sujets importants, par le docteur CERISE................ 1 vol.

VERDÉ-DELISLE

De la Dégénérescence physique et morale de l'espèce humaine déterminée **par le vaccin**................ 1 vol.

P.-P. DEHÉRAIN

Annuaire scientifique (LES PROGRÈS DES SCIENCES DE 1861 A 1869), publié, depuis 1862, sous la direction de M. P.-P. DEHÉRAIN, docteur ès sciences, lauréat de l'Institut, professeur de chimie, etc., avec la collaboration de MM. H. Blerzy, P. Brouardel, J. Dalsême, A. Duméril, Ernouf, Fargues de Taschereau, W. de Fonvielle, Ch. Gariel, M. Gomont, Ch. Goschler, A. Guillemin, F. Hément, J.-E. Horn, E. Lamé, E. Landrin, Marey, Margollé, Mascart, Menu, de Saint-Mesmin, S. Meunier, E. Morin, Pouriau, R. Radau, G. Rayet, A. Rettop, Saint-Edme, Schœblé, L. Simonin, G. Tissandier, U. Trélat, E. Vignes, J. Worms, Zurcher. — Chaque année forme un volume, avec figures dans le texte, et se vend séparément................ 9 vol.

LITTÉRATURE FRANÇAISE
DU XIIe AU XIXe SIÈCLE

HÉLOISE ET ABÉLARD
Lettres, traduction nouvelle par le bibliophile Paul L. Jacob, précédée d'un travail historique et littéraire par M. Villenave. 1 vol.

F. RABELAIS
Œuvres; édition augmentée de plusieurs extraits des *Chroniques admirables du puissant roi Gargantua*, ainsi que d'un grand nombre de variantes, et de deux chapitres inédits du cinquième livre, d'après un manuscrit de la Bibliothèque impériale; avec des notes explicatives, et une notice historique contenant des documents originaux relatifs à la vie de Rabelais, par L. Jacob, bibliophile. 1 vol.

BÉROALDE DE VERVILLE
Le Moyen de parvenir. Œuvre contenant la raison de ce qui a été, est et sera, avec démonstration certaine selon la rencontre des effets de la vertu; revu, corrigé et mis en meilleur ordre, et publié pour la première fois avec un Commentaire historique et philologique, accompagné de Notices littéraires, par Paul L. Jacob, bibliophile.................. 1 vol.

SATYRE MÉNIPPÉE
De la vertu du Catholicon d'Espagne et de la tenue des Etats de Paris, édition Labitte........... 1 vol.

LE SAGE
Histoire de Gil Blas de Santillane. Édition accompagnée de notes et d'une notice par M. Saint-Marc Girardin..... 1 vol.

HAMILTON
Mémoires du chevalier de Grammont, d'après les meilleures éditions anglaises, accompagnés d'un Appendice contenant des extraits du Journal de Samuel Pepys et de celui de John Evelyn, sur les faits et personnages des Mémoires de Grammont, des dépêches du comte de Cominges, d'une introduction, de commentaires, de notices, de notes et d'un index, par M. Gustave Brunet.. 1 vol.

L'ABBÉ PRÉVOST
Histoire de Manon Lescaut et du chevalier Des Grieux. Edition accompagnée de notices et travaux littéraires, par MM. Sainte-Beuve et G. Planche................ 1 vol.

J.-J. ROUSSEAU
Les Confessions. Nouvelle édition.......... 1 vol.

MILLEVOYE
Poésies (Élégies. — Chants élégiaques. — Poëmes. — Poésies légères. — Dizains et huitains. — Ballades. — Romances. — Épigrammes. — Odes d'Anacréon); précédées d'une notice par M. de Pongerville, de l'Académie française......... 1 vol.

ANDRÉ CHÉNIER

Poésies (Idylles. — Fragments d'idylles. — Élégies. — Fragments d'élégies. — Épîtres. — Poëmes. — Poésies diverses. — Hymnes. — Odes. — Iambes, etc., etc.), précédées d'une notice par M. H. DE LATOUCHE.. . . . . 1 vol.

(Voir *Édition critique*, page 52.)

Œuvres en prose. Nouvelle édition, revue sur les textes originaux, précédée d'une Étude sur la vie et les écrits politiques d'André Chénier et sur la Conspiration de Saint-Lazare, accompagnée de Notes historiques et d'un Index, par M. L. BECQ DE FOUQUIÈRES. . . . . 1 vol.

FRANÇOIS DE PANGE

Œuvres, 1789-1796 (De la sanction royale. — Réflexions sur le délateur. — Observation sur le crime de lèse-nation. — Les contradictions de J.-J. Brissot. — Fragments posthumes), recueillies et publiées avec une Étude sur sa vie et ses œuvres, des notes et une table analytique, par L. BECQ DE FOUQUIÈRES. . . . . 1 vol.

MADAME DE STAEL

Corinne ou l'Italie, avec notice par madame N. DE SAUSSURE. 1 v.

De l'Allemagne, avec notice par X. MARMIER. . . . . . 1 vol.

Delphine, avec une préface de SAINTE-BEUVE. . . . . . 1 vol.

De la Littérature considérée dans ses rapports avec les institutions sociales. . . . . 1 vol.

Considérations sur la Révolution française. Ouvrage posthume publié en 1818 par M. le duc de Broglie et M. le baron de Staël. . . . . 2 vol.

Mémoires (DIX ANNÉES D'EXIL), précédés d'une notice sur la vie et les ouvrages de Mme de Staël, par Mme NECKER DE SAUSSURE. Ouvrage posthume publié en 1818 par M. le duc de Broglie et M. le baron de Staël. . . . . 1 vol.

BENJAMIN CONSTANT

Adolphe, anecdote trouvée dans les papiers d'un inconnu, suivie des *Réflexions sur le théâtre allemand*. Nouvelle édition précédée d'une notice par GUSTAVE PLANCHE. . . . . 1 vol.

DE SÉNANCOUR

Obermann. *Nouvelle édⁱon* avec une préface par madame GEORGE SAND. . . . . 1 vol.

XAVIER DE MAISTRE

Œuvres complètes (Voyage autour de ma chambre. — Expédition nocturne. — Le lépreux de la cité d'Aoste. — Les prisonniers du Caucase. — La jeune Sibérienne). *Nouvelle édition*, ornée d'un beau portrait de l'auteur, dessiné d'après nature, et gravé sur acier.................................. 1 vol.

JOSEPH DE MAISTRE

Du pape................................. 1 vol.

BRILLAT-SAVARIN

Physiologie du goût, ou *méditations de gastronomie transcendante*; ouvrage théorique, historique et à l'ordre du jour, dédié aux gastronomes parisiens, par BRILLAT-SAVARIN. Nouvelle édition précédée d'une notice sur l'auteur et accompagnée des ouvrages suivants : TRAITÉ DES EXCITANTS MODERNES, par H. de Balzac; — LA GASTRONOMIE, de Berchoux; — L'ART DE DÎNER EN VILLE, de Colnet; — ANECDOTES ET FRAGMENTS D'HISTOIRE CULINAIRE par des amateurs; — PENSÉES ET PRÉCEPTES recueillis par un philosophe; — RECETTES ET FORMULES, par un cordon bleu, etc.............. 1 vol.

PHILOSOPHIE ET RELIGION

DESCARTES

Œuvres. — Le discours de la méthode. — Les méditations. — Les objections. — Les réponses aux objections. — Les passions de l'âme. Nouvelle édition collationnée sur les meilleurs textes et précédée d'une introduction de M. J. SIMON.......... 1 vol.

MALEBRANCHE

Entretiens sur la Métaphysique. Nouvelle édition, collationnée sur les meilleurs textes, et précédée d'une introduction, par M. JULES SIMON................................ 1 vol.

Méditations chrétiennes, suivies du *Traité de l'amour de Dieu* et de l'*Entretien d'un philosophe chrétien avec un philosophe chinois* sur l'existence et la nature de Dieu. Nouvelle édition collationnée sur les meilleurs textes par M. JULES SIMON... 1 vol.

De la recherche de la Vérité. Nouvelle édition, collationnée sur les meilleurs textes et précédée d'une introduction par M. JULES SIMON........................... 2 vol.

BOSSUET

Œuvres philosophiques (Libre arbitre. — De la connaissance de Dieu et de soi-même. — Élévations à Dieu. — Traité de la concupiscence). Nouvelle édition collationnée sur les meilleurs textes et précédée d'une introduction de M. Jules Simon. . . . 1 vol.

FÉNELON

Œuvres philosophiques (Traité de l'existence de Dieu. — Lettres sur la métaphysique. — Réfutation du système de Malebranche). Nouvelle édition collationnée sur les meilleurs textes et précédée d'une introduction par M. Amédée Jacques. . . 1 vol.

SPINOZA

Œuvres, traduites et précédées d'une introduction critique, par Émile Saisset.. . . . . 3 vol.

EULER

Lettres à une princesse d'Allemagne sur divers sujets de physique et de philosophie, précédées de l'Éloge d'Euler par Condorcet. Édition accompagnée de 215 planches gravées sur bois et intercalées dans le texte, avec une introduction et des notes par Émile Saisset. . . . . 2 vol.

ÉMILE SAISSET

Essai de philosophie religieuse. 3ᵉ édition. . . . . 2 vol.
Ouvrage couronné par l'Académie française.

SAINT AUGUSTIN

Les Confessions, traduction nouvelle avec une introduction par M. Paul Janet. . . . . 1 vol.
Ouvrage couronné par l'Académie française.

MAHOMET

Le Koran, traduction nouvelle, faite sur le texte arabe, par Kasimirski. Nouvelle édition entièrement revue, corrigée et accompagnée de notes, commentaires et index. . . . . 1 vol.

CONFUCIUS ET MENCIUS.

Les Quatre livres de philosophie morale et politique de la Chine, traduits par Pauthier. . . . . 1 vol.

J.-M. DARGAUD

Histoire de la liberté religieuse en France et de ses fondateurs.. . . . . 4 vol.

MÉMOIRES ET CORRESPONDANCES

MARGUERITE DE VALOIS

Mémoires publiés par Ch. Caboche, avec notes. . . . . . 1 vol.

MADAME DE MOTTEVILLE

Mémoires sur Anne d'Autriche et sa cour. Édition d'après le manuscrit de Conrart, avec une annotation extraite des écrits de Monglat, Omer Talon, de Retz, Gourville, Leret, Mlle de Montpensier, etc., des éclaircissements et un index, par M. Riaux, et une notice sur Mme de Motteville, par Sainte-Beuve. . . . . 4 vol.

FOUQUET

Mémoires sur la vie publique et privée de Fouquet, surintendant des finances, d'après ses lettres et des pièces inédites conservées à la Bibliothèque impériale, par M. Chéruel, inspecteur général de l'instruction publique. . . . . 2 vol.

BUSSY-RABUTIN

Mémoires. Nouvelle édition, augmentée d'un grand nombre de fragments inédits, suivie de l'*Histoire amoureuse des Gaules*, et accompagnée de notes et éclaircissements, par M. Ludovic Lalanne. . . . . 2 vol.

Correspondance *avec sa famille et ses amis, 1666-1695*, Nouvelle édition, d'après le manuscrit de l'auteur, contenant un très-grand nombre de lettres inédites et accompagnée de notes, par M. Ludovic Lalanne. . . . . 6 vol.

VOITURE

Lettres et poésies. Nouvelle édition revue sur le manuscrit de Conrart, corrigée et augmentée de lettres et pièces inédites, avec le commentaire de Tallemant des Réaux, des éclaircissements et des notes, par M. A. Ubicini. . . . . 2 vol.

CARDINAL DE RETZ

Mémoires adressés à Mme de Caumartin, suivis des instructions inédites de Mazarin relatives aux Frondeurs. Nouvelle édition revue et collationnée sur le manuscrit original, avec des notes, des éclaircissements tirés des *Mazarinades*, et un index par M. Aimé Champollion Figeac. . . . . 4 vol.

MADEMOISELLE DE MONTPENSIER

Mémoires de mademoiselle de Montpensier, petite-fille de Henri IV, collationnés sur le manuscrit autographe, avec notes biographiques et historiques, par M. Chéruel. . . . . . 4 vol.

MADAME DE MAINTENON

Correspondance générale, publiée pour la première fois d'après les textes originaux ou copies authentiques, avec un commentaire et des notes, par M. Théophile Lavallée; et précédée d'une étude sur les *Lettres de madame de Maintenon*, publiées par La Beaumelle (les tomes I à IV sont en vente). . . . . 8 vol.

Lettres et Entretiens sur l'Éducation des filles, recueillis et publiés pour la première fois par Th. Lavallée. . . . 2 vol.

Conseils et instructions aux demoiselles pour leur conduite dans le monde, avec une introduction et des notes par Th. Lavallée. . . . . 2 vol.

DE CHAMBRUN

Les Larmes de J. Pineton de Chambrun, pasteur de la maison de S. A. S. et de l'Église d'Orange; contenant les persécutions arrivées aux Églises de la principauté d'Orange depuis 1660. Réimpression d'après l'édition originale, annotée par Ad. Schæffer 1 vol.

DUCHESSE D'ORLÉANS

Correspondance complète de la duchesse d'Orléans, princesse Palatine, mère du Régent, traduction nouvelle par M. G. Brunet, accompagnée de notes et d'éclaircissements. . . . . 2 vol.

BARBIER

Chronique de la Régence et du règne de Louis XV (1718-1763) ou **Journal de Barbier**, avocat au parlement de Paris. Première édition complète publiée d'après le manuscrit autographe de l'auteur avec notes, éclaircissements et un index. . . . . 8 vol.

MADAME D'ÉPINAY

Mémoires contenant les détails sur ses liaisons avec les personnes célèbres du dix-huitième siècle. *Seule édition complète* accompagnée d'un grand nombre de lettres inédites de Grimm, Diderot, J.-J. Rousseau, avec des notes et éclaircissements par M. Paul Boiteau. . . . . 2 vol.

BARONNE D'OBERKIRCH

Mémoires sur la cour de Louis XVI *et la société française avant* 1789, publiés d'après le manuscrit de l'auteur, par le comte de Montbrison, son petit-fils. . . . . 2 vol.

MADAME VIGÉE LE BRUN

Souvenirs, suivis de la liste complète de ses tableaux et portraits. 2ᵉ édition augmentée et annotée. . . . . 2 vol.

BIBLIOTHÈQUE-CHARPENTIER, à 3 fr. 50 le volume

LITTÉRATURE CONTEMPORAINE

POÉSIES — ROMANS — VOYAGES — BEAUX-ARTS

Assollant (Alf.). Vie des Etats-Unis. 1 v.
— Marcomir. Histoire d'un étudiant. 1 v.
Barthélemy. Philosophe en voyage.. 1 v.
Biart (Lucien). Laborde et Cie. .... 1 v.
Champfleury. Amoureux de Ste Périne. 1 v.
Claretie. Peintres et Sculpteurs...... 1 v.
Cotte (N.). Le Maroc contemporain.. 1 v.
Daudet (Alph.). Les Amoureuses.. 1 v.
Daudet (Ernest). Le Missionnaire... 1 v.
— Le Roman d'une jeune fille .... 1 v.
— Fleur de péché .... 1 v.
— Un Mariage tragique .... 1 v.
Debrit (Marc). Laura............. 1 v.
Delécluze (E.-J.). Les Beaux-Arts.. 1 v.
Delord (Taxile). Les Matinées littér.. 1 v.
Diguet. La Vierge aux cheveux d'or... 1 v.
Flaubert (Gustave). Madame Bovary. 1 v.
Ferry. Vie sauvage au Mexique...... 1 v.
Frémy (Arnould). La Cousine Julie. 1 v.
Gautier (Th.). Premières poésies. 1 v.
— Mademoiselle de Maupin......... 1 v.
— Le Capitaine Fracasse........... 2 v.
— Le Roman de la Momie .... 1 v.
— Spirite, nouvelle fantastique...... 1 v.
— Voyage en Russie................ 2 v.
— Voyage en Espagne (Tras los montes). 1 v.
— Romans et Contes............... 1 v.
— Nouvelles....................... 1 v.
— Tableaux de siége. Paris, 1870-1871. 1 v.
— Emaux et Camées.............. 1 v.
— Théâtre. Mystère, Comédies, Ballets. 1 v.
— Les Jeunes-France.............. 1 v.
— Histoire du Romantisme......... 1 v.
Gérard de Nerval. Voyage en Orient. 2 v.
Goncourt (E. et J. de). Renée Mauperin. 1 v.
— Germinie Lacerteux............. 1 v.
Jonveaux (E.). L'Amérique actuelle. 1 v.
Kirke. Les Noirs et les Petits Blancs. 1 v.
Laboulaye (Ed.). Paris en Amérique. 1 v.
— Le Prince-Caniche............... 1 v.
— Abdallah........................ 1 v.
— Souvenirs d'un voyageur......... 1 v.
— Contes bleus.................... 1 v.
Lagardie (H. de). Causeries parisiennes. 2 v.
Madelène (Jules de la). Brigitte..... 1 v.
Ménard (Louis). Poëmes .... 1 v.

Mérimée (Prosper). Charles IX.... v.
— Colomba........................
— Théâtre de Clara Gazul........
Mistral. Mirèio...................
Musset (Alfred de). Premières poésies
— Poésies nouvelles...............
— Comédies et proverbes..........
— Nouvelles......................
— Contes.........................
— La Confession d'un enfant du siè
— Mélanges de littérature........
— Œuvres posthumes.............
Musset (Paul de). Lui et elle....
— Voyage en Italie et en Sicile..
— Nouvelles italiennes et siciliennes.
— Le Nouvel Aladin..............
— Originaux du XVIIe siècle......
— Extravagants XVIIe siècle.......
— Les Femmes de la Régence...... v.
— Mémoires de Charles Gozzi...... 1 v.
— Lauzun......................... 1 v.
Nodier (Ch.). Souvenirs de jeunesse. 1 v.
— Contes de la veillée............ 1 v.
— Contes fantastiques............. 1 v.
— Nouvelles...................... 1 v.
— Romans........................ 1 v.
Regnault (Henri). Correspondance. 1 v.
Sainte-Beuve. Poésies complètes ... 1 v.
— Tableau de la Poésie française..... 1 v.
— Volupté........................ 1 v.
Sandeau (Jules). Madeleine....... 1 v.
— Mademoiselle de la Seiglière...... 1 v.
— Marianna...................... 1 v.
— Le docteur Herbeau............. 1 v.
— Fernand....................... 1 v.
— Valcreuse...................... 1 v.
— Madame de Sommerville........ 1 v.
Sarcey. Le Nouveau seigneur...... 1 v.
Selden (Camille). Daniel Vlady.... 1 v.
— L'Esprit des femmes de notre temps. 1 v.
Simonin (L.). Le Grand-Ouest..... 1 v.
Tourguenef (Ivan). Pères et enfants. 1 v.
Valmore (Mme Desbordes-). Poésies.. 1 v.
Yriarte (Charles). Le Puritain..... v.
Zola (Emile). Les ROUGON-MACQUART
Histoire naturelle et sociale d'une famille sous le second empire :
   I. La Fortune des Rougon... 1 v.
   II. La Curée................ 1 v.
   III. Le Ventre de Paris......... 1 v.

Paris. — Imp. VIEVILLE et CAPIOMONT, rue des Poitevins, 6.

www.ingramcontent.com/pod-product-compliance
Lightning Source LLC
Chambersburg PA
CBHW050747170426
43202CB00013B/2328